insel taschenbuch 4617
Hermann Hesse
Leben ist Werden

HERMANN HESSE
Leben ist Werden

Gedanken aus seinen Werken und Briefen

Zusammengestellt von
Volker Michels

Insel Verlag

Der Text des vorliegenden Bandes folgt dem
suhrkamp taschenbuch 4576: Hermann Hesse, *Leben ist Werden*.
Suhrkamp Verlag Frankfurt am Main 2008.

2. Auflage 2022

Erste Auflage 2017
insel taschenbuch 4617
Insel Verlag Berlin 2017
© Suhrkamp Verlag Frankfurt am Main 2008
Vertrieb durch den Suhrkamp Taschenbuch Verlag
Umschlag: hißmann, heilmann, hamburg
Umschlagabbildung: Hermann Hesse, *Föhn* (Ausschnitt), 1924
Druck: CPI books GmbH, Leck
Printed in Germany
ISBN 978-3-458-36317-0

www.insel-verlag.de

Jugend und Alter

Wo ein Werk geschaffen, wo ein Traum weitergeträumt, ein Baum gepflanzt, ein Kind geboren wird, da ist das Leben am Werk und eine Bresche ins Dunkel der Zeit geschlagen.

Aus einem Brief vom Sommer 1910 an Stefan Zweig

*

Kinder sind weitherzig und vermögen durch den Zauber der Phantasie Dinge in ihrer Seele nebeneinander zu beherbergen, deren Widerstreit in älteren Köpfen zum heftigsten Krieg und Entweder-Oder wird.

Aus »Hinterlassene Schriften und Gedichte
von Hermann Lauscher«, 1900

*

Jedes Kind lernt zu allererst die schöne Kunst, im Nächsten die Welt zu sehen und sich um das, was es eben im Händlein hat, mehr bekümmern als um die ganze ungesehene und ferne Welt. Die meisten verlernen schon vom ersten Schuljahr an diese Kunst mehr und mehr. Wenige behalten sie unverloren im Gemüt, manche lernen die verlorene mühsam wieder, wenn sie alt werden und ihre Liebe zum Leben sie unbewußt in das sichere Land der Kinderzeit zurückführt.

Aus »Julius Abdereggs erste und zweite Kindheit«, 1901/02

Es ist kein Dichter und Maler je so phantastisch, daß ein Kind ihn nicht im Erfinden überbieten könnte, und es ist auch kein Buch und kein Ding der Welt so nüchtern und tot, daß nicht Kinder noch etwas für sich daraus zu machen und zu holen wüßten. Für das Kind ist es vielleicht nahezu einerlei, woher es seine Nahrung und Anregung bekommt, da es das Beste dazu doch selber gibt.

Aus der Rezension »Die Bilderbücher von Ernst Kreidolf«,
Dezember 1908

*

Alle Kinder sind Dichter.

Aus »Julius Abdereggs erste und zweite Kindheit«, 1901/02

*

Ich weiß von solchen ...

In manchen Seelen wohnt so tief die Kindheit,
Daß sie den Zauber niemals ganz durchbrechen;
Sie leben hin in traumgefüllter Blindheit
Und lernen nie des Tages Sprache sprechen.

Weh ihnen, wenn ein Unheil sie erschreckt
Und plötzlich hell zur Wirklichkeit erweckt!
Aus Traum gescheucht und kindlichem Vertrauen
Starren sie hilflos in des Lebens Grauen.

Ich weiß von solchen, die der Krieg erst weckte,
Da sie des Lebens Mitte überschritten,
Und die seither am Leben wie erschreckte
Traumwandler zitternd und geängstet litten.

Es scheint: in diesen Hoffnungslosen sucht
Die Menschheit ihrer blutgetränkten Erden,
Sucht ihrer Grausamkeit und Seelenflucht
Erschauernd und beschämt bewußt zu werden.

1928

*

Mit aller Klugheit und selbst mit aller Liebe können
erwachsene Menschen sich doch niemals eine Vorstel-
lung davon machen, was in der Seele eines Kindes vor-
geht und wie die Welt in ihr sich spiegelt. Erwachsene
sind immer von einer Menge von Gewohnheiten umge-
ben, deren Dasein ihnen notwendig und keiner Erklä-
rung bedürftig scheint.

Aus »Julius Abdereggs erste und zweite Kindheit«, 1901/02

*

So stark ist im Menschen die Macht der Gewöhnung
und der Gemeinschaftlichkeit, daß selbst ein Kind jede
Störung hergebrachter Ordnung sofort mit feinen Sinnen erfühlt, noch ehe es die Ursache erfahren oder mit
Augen gesehen hat.   *Aus »Berthold«, um 1907*

*

Oft habe ich auch über meine Eltern nachdenken müssen. Die meinen, ich sei ihr Kind und ich sei wie sie. Aber wenn ich sie auch lieben muß, bin ich doch ihnen ein fremder Mensch, den sie nicht verstehen können. Und das, was die Hauptsache an mir und vielleicht gerade meine Seele ist, das finden sie nebensächlich und schreiben es meiner Jugend oder Laune zu. Dabei haben sie mich gern und täten mir gern alles Liebe. Ein Vater kann seinem Kind die Nase und die Augen und sogar den Verstand zum Erbe mitgeben, aber nicht die Seele. Die ist in jedem Menschen neu. *Aus »Knulp«, 1907/14*

*

Wieviel ernster, reiner und ehrfürchtiger würde das Leben vieler Menschen werden, wenn sie etwas von diesem Suchen und Nach-Namen-Fragen auch über die Jugend hinaus in sich bewahrten! Was ist der Regenbogen? Warum winselt der Wind? Woher kommt das Verwelken der Wiesen, woher das Wiederblühen, woher Regen und Schnee? Warum sind wir reich und der Nachbar Spengler arm? Wohin geht am Abend die Sonne?

Aus »Hinterlassene Schriften und Gedichte
von Hermann Lauscher«, 1900

*

Kleiner Knabe

Hat man mich gestraft,
Halt ich meinen Mund,
Weine mich in Schlaf,
Wache auf gesund.

Hat man mich gestraft,
Heißt man mich den Kleinen,
Will ich nicht mehr weinen,
Lache mich in Schlaf.

Große Leute sterben,
Onkel, Großpapa,
Aber ich, ich bleibe
Immer, immer da.

1960

*

Wie alle Knaben, liebte und beneidete ich manche Berufe: den Jäger, den Flößer, den Fuhrmann, den Seiltänzer, den Nordpolfahrer. Weitaus am liebsten aber wäre ich ein Zauberer geworden. Dies war die tiefste, innigst gefühlte Richtung meiner Triebe, eine gewisse Unzufriedenheit mit dem, was man die »Wirklichkeit« nannte und was mir zuzeiten lediglich wie eine alberne Vereinbarung der Erwachsenen erschien; eine gewisse bald ängstliche, bald spöttische Ablehnung dieser Wirklichkeit war mir früh geläufig, und der brennende Wunsch, sie zu verzaubern, zu verwandeln, zu steigern.   *Aus »Kindheit des Zauberers«, 1921/23*

Der Erwachsene, der gelernt hat, einen Teil seiner Gefühle in Gedanken zu verwandeln, vermißt diese Gedanken beim Kinde und meint nun, auch Erkenntnisse seien nicht da. *Aus »Demian«, 1917*

*

Auch rechnet man ja so vieles zu den Unarten, nur weil es die Eltern stört, während das Kind mit bestem Gewissen tut, was ihm natürlich ist und unverfänglich scheint.
Aus einem Brief vom 16. 11. 1910
an seinen Vater Johannes Hesse

*

Wie lang war es in der Kinderzeit von einem Geburtstag bis zum anderen! Im Älterwerden geht das immer schneller.
Aus einem Brief vom Dezember 1960 an seinen Sohn Bruno

*

Der Mensch erlebt das, was ihm zukommt, nur in der Jugend in seiner ganzen Schärfe und Frische so bis zum dreizehnten, vierzehnten Jahr, und davon zehrt er sein Leben lang. *Aus »Roßhalde«, 1912/13*

*

Zu den einfachen Bedürfnissen, auf die man sich sonst nie besinnt, weil sie nie zum Hunger werden, gehört auch die Heimat. Damit meine ich nicht das Vaterland –

das gehört schon zu den höheren, geistigeren Gaben und Bedürfnissen. Ich meine die Bilder, die jeder von uns als sein bestes Erinnerungsgut aus der Kindheit bewahrt hat. Sie sind nicht darum so schön, weil die Heimat unbedingt schöner wäre als die andere Welt; sie sind bloß darum so schön, weil wir sie zuerst, mit der ersten Dankbarkeit und Frische unserer jungen Kinderaugen gesehen haben. ... Das ist keine Sentimentalität. Das Sicherste, was wir haben, wenn wir nicht die höchsten Stufen im Geistigen erreicht haben, das ist die Heimat. Man kann Verschiedenes darunter verstehen. Die Heimat kann eine Landschaft sein oder ein Garten, oder eine Werkstatt, oder auch ein Glockenklang, oder ein Geruch. Das, worum es sich handelt, ist die Erinnerung an die Zeit des Heranwachsens, an die ersten, stärksten, heiligsten Eindrücke unseres Lebens. Dazu gehört die Mundart der Heimat. Mir, der ich in der Fremde lebe, ist bei jedem Heimkommen der erste schwäbische Bahnschaffner ein wahrer Paradiesvogel! ... Es ist ans Innerste gerührt, an den kleinen sicheren Schatz, den wir aus den Jahren der frühesten Jugend haben. Da liegen Bilder und Eindrücke durcheinander, man schätzt sie oft wenig, aber alles zusammen ist eine satte Lösung, an die man nicht rühren kann, ohne daß es Kristalle gibt.

Aus »Brief ins Feld«, Dezember 1915

*

Heimat ist für mich nie ein politischer Begriff gewesen, sondern ein rein menschlicher. Wo wir Kinder gewesen sind und die ersten Bilder von Welt und Leben empfan-

gen haben, da ist unsere Heimat, und ich habe die meine stets mit Dankbarkeit geliebt.

Aus einem Brief vom 6.7.1947 an Oskar Blessing,
Bürgermeister der Stadt Calw

*

Alle Kinder, solange sie noch im Geheimnis stehen, sind ohne Unterlaß in der Seele mit dem einzig Wichtigen beschäftigt, mit sich selbst und mit dem rätselhaften Zusammenhang ihrer eignen Person mit der Welt ringsumher. Sucher und Weise kehren mit den Jahren der Reife zu dieser Beschäftigung zurück, die meisten Menschen aber vergessen und verlassen diese innere Welt des wahrhaft Wichtigen schon früh für immer und irren lebenslang in den bunten Irrsalen von Sorgen, Wünschen und Zielen umher, deren keines in ihrem Innersten wohnt, deren keines sie wieder zu ihrem Innersten und nach Hause führt. *Aus »Iris«, 1916*

*

Es ist sonderbar, wie wir so sehr das Gegenteil von dem tun müssen, was unsre Eltern für richtig hielten. Auch ich verlorener Sohn mache es so, und auch mir scheint es, als hätten meine Eltern in einer Welt aus Stein und Holz gelebt, ich aber nur in einer aus Luft, Papier und Idee und es habe sich seither alle Wirklichkeit verflüchtigt. *Aus einem undatierten Brief an Emmy Ball-Hennings*

*

14

Man hatte sich, als wir Kinder waren, viel Mühe damit gegeben, uns den »Willen zu brechen«, wie die fromme Pädagogik das damals nannte, und man hatte in der Tat allerlei in uns gebrochen und zerstört, aber gerade nicht den Willen, gerade nicht das Einmalige und mit uns Geborene, nicht jenen Funken, der uns zu Outsiders und Sonderlingen machte.

Aus dem Gedenkblatt »Erinnerung an Hans«, 1936

*

Jugend hat es schwer, sie ist voll von Kräften und stößt aller Enden an Regeln und Konventionen. Der Sohn haßt nichts so sehr als die Regeln und Konventionen, in denen er seinen Vater befangen sieht.

Aus »Zu ›Expressionismus in der Dichtung‹«, 1918

*

Wenn ein begabtes Kind Jahre und Jahre, eine ganze Jugend lang, vergewaltigt, geschlagen, verschüchtert, verschachert, verängstigt worden ist, wenn dann ein edler Retter kommt und dieses Kind plötzlich befreit, so darf er von dem Kinde nicht erwarten, es werde nun vor allem den heißen Wunsch äußern, Amtsrichter zu werden oder sich sonst nützlich zu machen. Vielleicht zündet es auch zuerst ein Haus an oder macht andere Streiche. *Aus der Rezension »Von kommenden Dingen«,*
September 1917

*

Es ist ein Schwindel mit der Jugend, ein richtiger Zeitungs- und Lesebuchschwindel! Die schönste Zeit des Lebens! Hat sich was, alte Leute machen mir immer einen viel zufriedeneren Eindruck. Die Jugend ist die schwerste Zeit im Leben. Zum Beispiel Selbstmorde kommen in höheren Jahren fast gar nie vor.

Aus »Gertrud«, 1907/08

*

Wenn ein Baum entgipfelt wird, treibt er gern in Wurzelnähe neue Sprossen hervor, und so kehrt oft auch eine Seele, die in der Blüte krank wurde und verdarb, in die frühlinghafte Zeit der Anfänge und ahnungsvollen Kindheit zurück, als könnte sie dort neue Hoffnungen entdecken und den abgebrochenen Lebensfaden aufs neue anknüpfen. Die Wurzelsprossen geilen saftig und eilig auf, aber es ist ein Scheinleben, und es wird nie wieder ein rechter Baum daraus. *Aus »Unterm Rad«, 1903*

*

Die Welt sieht, rational betrachtet, nicht hoffnungsvoll und schön aus, aber zum Glück ist das nicht die einzig mögliche Betrachtungsweise und zum Glück wächst überall eine neue, unschuldige Jugend heran.

Aus einem Brief vom Februar 1950 an Barthold Hesse

*

Jeder muß einmal den Schritt tun, der ihn von seinem Vater, von seinen Lehrern trennt, jeder muß etwas von der Härte der Einsamkeit spüren, wenn auch die meisten Menschen wenig davon ertragen können und bald wieder unterkriechen.   *Aus »Demian«, 1917*

*

Man kann nicht jung genug anfangen, wenn man sein eigenes Leben erobern will.
                    Aus »Im Presselschen Gartenhaus«, 1913

*

Ein Faustschlag ins Gesicht der Pietät gehört zu den Taten, ohne welche man nicht von der Schürze der Mutter loskommt.
                    Aus »Zu ›Expressionismus in der Dichtung‹«, 1918

*

Wer die Einseitigkeit und kühne Umstürzlerei nicht ertragen kann, wer Jugend lieber weise, lieber gütig, lieber allverstehend sähe als fanatisch und puritanisch, der lehne sie ab. Es wird sein eigener Schaden sein.
                    Aus »Zu ›Expressionismus in der Dichtung‹«, 1918

*

Aus den eifrigsten Jungen werden die besten Alten und nicht aus denen, die schon in der Jugend wie Großväter tun.   *Aus »Gertrud«, 1907/08*

Das revolutionäre Geschrei bei einem Teil der Jugend muß man nicht allzu ernst nehmen. Ernst daran ist nur das tiefe Bedürfnis, für neue Sorgen, neue Emotionen, auch neue Ausdrücke zu finden.

Aus einem Brief vom 7.11.1919 an Helene Welti

*

Ohne den Individuationsprozeß, das Werden der Persönlichkeit, ist kein höheres Leben. Und bei diesem Prozeß, wo es lediglich Treue gegen sich selber gilt, gibt es eigentlich nur einen großen Feind: die Konvention, die Trägheit, das Bürgertum. Lieber sich mit allen Teufeln und Dämonen schlagen, als den verlogenen Gott der Konvention annehmen. Dies ist ein jugendlicher und protestantischer Standpunkt, den ich indessen noch heute vertrete, sobald es sich um das Werden der Individualität handelt.

Aus einem Brief vom 3.2.1923 an Frederik van Eeden

*

Indem ein Mensch mit den ihn von Natur gegebenen Gaben sich zu verwirklichen sucht, tut er das Höchste und einzig Sinnvolle, was er tun kann.

Aus »Narziß und Goldmund«, 1927-1929

*

So wie die »Erkenntnis«, also das Erwachen zum Geist, von der Bibel als Sünde dargestellt wird (repräsentiert

durch die Schlange im Paradies), so wird das Mensch-
werden, die Individuation, das Sichdurchkämpfen des
einzelnen aus der Masse heraus zur Persönlichkeit stets
von Sitte und Herkommen mit Mißtrauen betrachtet,
wie ja auch die Reibung zwischen Jüngling und Familie,
zwischen Vater und Sohn etwas Natürliches und Uraltes
ist, und doch von jedem Vater von neuem als unerhörte
Rebellion empfunden wird.

Aus einem Brief vom 13.4.1930 an den Realschüler H. S.

*

Der Sturm gegen Namen und gegen selbstgemachte
geschichtliche Konstruktionen ist etwas Jugendliches,
ist nicht nur eine Art oder Unart, sondern ein Recht und
Trieb der Jugend (die man ja nicht nach Kalenderjahren
zu zählen braucht).

Aus »Zu ›Expressionismus in der Dichtung‹«, 1918

*

Da die junge Generation eine ganze, jahrzehntealte bürgerliche Welt hinabsinken fühlt, unter deren kleinlicher
Rute sie aufwuchs, frohlockt sie mit Recht.

Aus »Zu ›Expressionismus in der Dichtung‹«, 1918

*

Pietätlosigkeit ist eine herrliche Tugend, wenn sie naiv
geübt wird. Als Absicht, als Programm aber wirkt sie
verstimmend. *Aus der Rezension »Arthur Schurig's*
Mozartwerk«, Januar 1914

Es kommt für uns Ältere nicht darauf an, die neue Jugend zu widerlegen und irgendwie abzutun, sondern sie zu verstehen und sie, soweit wir irgend können, erkennend lieben zu lernen.

Aus der Rezension »Die Lyrik der Jüngsten«, November 1914

＊

Die Jungen haben nicht die Aufgabe, uns Vorgänger zu rechtfertigen, sondern sich selber durchzusetzen und sich von allem zu befreien, was Altes, Faules, Hemmendes da war. Daß sie in Schulen gegangen sind, um deren Errichtung andere vor ihnen gekämpft und geblutet haben, daß sie Erben sind und später einmal daran denken sollten, das alles kommt heute nicht in Betracht, das alles muß ihnen Nichts sein neben dem einen Gefühl: wir sind da, wir sind jung, wir wollen das Gute, das Bessere, das Einzige. Daß andere zu ihrer Zeit dasselbe gefühlt haben, daß viele von ihnen treu geblieben sind und mit ergrauenden Haaren noch gläubig nach den Sternen blicken, daß wir Ältere überhaupt, ob gut oder schlecht, nicht gerade gern schon Platz machen und unsern Unwert bekennen mögen, das alles zu bedenken, hier Gerechtigkeit zu üben, da Maß zu halten, dort nicht unnütz zu verletzen, das alles ist nicht Aufgabe der Jugend! An uns aber ist es ... die Zukunft im gärenden Jetzt zu erspüren und ihr Recht zu geben, sie möge nun über unsere Gräber weggehen oder nicht.

Aus der Rezension »Die Lyrik der Jüngsten«, November 1914

＊

Es ist schön, wenn eine alte Familie an ihrem Hause mit Liebe hängt, aber Verjüngung und neue Größe kommen ihr immer nur davon, daß ihre Söhne größeren Zielen als denen der Familie dienen.

Aus »Das Glasperlenspiel«, 1931-1942

*

Daß die jungen Leute sich gern ein wenig zeigen, und daß sie dabei einiges wagen dürfen, was die Alten nimmer mitmachen können, das ist am Ende auch nicht unerträglich. Schlimm aber wird die ganze Sache erst in dem unseligen Augenblick, wo der Alte, der Schwache, der Konservative, der Kahlkopf, der Anhänger der alten Mode dies auf sich persönlich bezieht und sich sagt: sicher tun sie das nur, um mich zu ärgern! Von diesem Augenblick an wird die Sache unerträglich, und der so Denkende ist verloren.

Aus »Gespräch über die Neutöner«, 1920

*

Die Leute, die man sich in ihrer Jugend unmöglich alt denken kann, gerade die geben die besten Alten.

Aus einer Rezension der Werke von Knut Hamsun, Juli 1918

*

Wenn Sie die Mächte betrachten, die in der heutigen Welt der Entwicklung des Einzelnen zur Persönlichkeit, zum Vollmenschen hindernd entgegenstehen, wenn Sie

den phantasiearmen, schwach beseelten, den ganz nur angepaßten, nur gehorsamen, nur gleichgeschalteten Typus Mensch betrachten, der das Ideal der großen Kollektive und vor allem des Staates ist, dann wird es Ihnen nicht schwerfallen, für die kämpferischen Gebärden des kleinen Don Quichote gegen die großen Windmühlen Verständnis und Nachsicht aufzubringen. Der Kampf scheint aussichtslos und unsinnig. Viele bringt er zum Lachen. Und doch muß er gekämpft werden, und doch hat Don Quichote nicht minder recht als die Windmühlen. *Aus einem Brief vom März 1954 an eine Studentin*

*

Auf dem Weg vom Jünglings- zum Mannesalter sind die beiden Hauptstufen: Das Innewerden und Bewußtmachen des eigenen Ich und dann die Einordnung dieses Ich in die Gemeinschaft. Je einfacher und problemloser ein Jüngling ist, desto weniger Beschwerden werden beide Aufgaben ihm bereiten. Die stärker differenzierten und begabten Naturen haben es schwerer, am schwersten die, denen nicht ein Spezialtalent von selber den Weg zeigt. Jedes Leben aber ist ein Wagnis, und das Gleichgewicht zwischen den persönlichen Gaben und Trieben und den sozialen Forderungen muß immer neu gefunden werden; es geht nie ohne Opfer, nie ohne Fehler. Und auch wir Alten, scheinbar Arrivierten und Gefestigten, stehen nicht über den Zweifeln und Fehlern, sondern mitten darin.

Aus einem Brief vom 19.8.1961 an Wolfgang Larese

Die Jugend will immer einen Führer und Stern haben, und sie wird sich stets einen wählen, einerlei welchen. Ich aber will gerade, daß die jungen Menschen selbständig werden und keinen Sternen und Namen und Dichtern nachlaufen.

Aus einem Brief vom 3. 6. 1920 an Ida Huck

*

Darin hat die Jugend es gut: sie darf der Laune, dem Einfall und Gelüst des Moments folgen, und hat dabei noch den Charme des Genialen. Dafür freilich haben wir Alten diese und jene Plagen und Begierden nicht mehr, die der Jugend zusetzen. Es ist schon gut verteilt.

Aus einem Brief vom Dezember 1941 an Rudolf Jakob Humm

*

Die Gefahr der Boheme besteht für alle über Durchschnitt mit Geschmack und Seele begabten jungen Menschen, bei denen das Talent stärker ist als der Charakter. Heute ist die Boheme eine zwar verlockende, aber rückständige und innerlich unmöglich gewordene Form von verirrtem Künstlertum, und wer in ihr steckenbleibt, ist kein Genie oder Revolutionär, sondern einfach ein armer Teufel, der nicht klug und nicht stark genug ist, um sich ein eigenes, wertvolles Leben einzurichten.

Aus einem Brief vom 11. 9. 1930 an seinen Sohn Heiner

*

Welchen Beruf ein junger Mann auch wähle, und wie seine Auffassung vom Beruf und sein Eifer für ihn auch sei – immer tritt er damit in eine organisierte, erstarrte Welt aus dem blühenden Chaos des Jugendtraumes, und immer wird er enttäuscht sein. Diese Enttäuschung mag an sich kein Schade sein. Aber die meisten Berufe, und zwar gerade die »höheren«, spekulieren in ihrer jetzigen Organisation auf die egoistischen, feigen, bequemen Instinkte des Menschen. Er hat es leicht, wenn er Fünfe grade sein läßt, wenn er sich duckt, wenn er den Herrn Vorgesetzten nachahmt; und er hat es unendlich schwer, wenn er Arbeit und Verantwortlichkeit sucht und liebt. Wie die Herden-Jünglinge sich mit diesen Dingen abfinden, geht mich nichts an. Die Geistigen finden hier eine gefährliche Klippe. Sie sollen die Berufe, gerade auch die staatlich organisierten Berufe, nicht fliehen, sie sollen sie probieren! Aber sie sollen sich nicht vom Beruf abhängig machen. Wer, ehe er in einen Beruf eintritt, sich verlobt oder heiratet oder sich an gutes Leben gewöhnt, den wird der Beruf nicht stählen, nicht hart, nicht elastisch genug finden, er wird sich anpassen, er wird rosten.

Aus »Beruf und Leben«, 1921

*

Daß ein [Mensch] den Beruf finde, den er nicht bloß einigermaßen auszufüllen imstande ist, sondern der das in ihm liegende Traumbild zu erwecken und ins Leben zu gestalten vermag, der ihn nicht nur nährt und ehrt, sondern steigert und erfüllt, das geschieht nicht allzu häufig, und es müssen viele Umstände zusammentreffen, wenn

es glücken soll. Wir neigen vielleicht allzusehr dazu, aus den Lebensläufen begabter Männer der Vorzeit, der sogenannten Genies, ein Schema zu machen und uns damit zu beruhigen, daß schließlich noch jedesmal der wirklich Starke und Begabte seinen Weg gefunden und den ihm gebührenden Platz erreicht habe. Diese allzu bürgerliche Annahme ist nichts als ein feiges Wegblicken von der Wirklichkeit; es sind nicht nur viele jener berühmten Genies trotz hoher Leistungen nie das geworden, wozu der Wurf und die Berufung in ihnen lag, sondern es sind auch zu allen Zeiten unzählige der Höherbegabten einfach durch äußere Umstände nicht, oder zu spät, auf den ihrer würdigen Weg gekommen. Daß auch ein unseliges und mißglücktes Leben von manchem nicht bloß ertragen, sondern am Ende mit dem amor fati umfangen und geadelt werden kann, hat damit nichts zu tun.

Aus »Der vierte Lebenslauf Josef Knechts«, 1934

*

Ein Beruf ist immer ein Unglück, eine Beschränkung und Resignation. *Aus »Gertrud«, 1907/08*

*

Die Funktionen, in welchen uns die Umwelt verbraucht, sind ja nie die, die wir uns wünschen.

Aus einem Brief vom März 1935 an Friedrich Michael

*

Man kann nicht immer dasselbe tun, ohne dabei einzutrocknen und sich an gewisse eingefahrene Geleise zu gewöhnen. Mir geht es auch so, und wenn ich eine Zeitlang nur an einer Dichtung gearbeitet oder nur Rezensionen geschrieben oder nur Geschichtliches gelesen und gedacht habe, dann muß ich wechseln und mich an andren Objektiven wieder korrigieren, muß plötzlich für eine Weile Philosophie oder Musikgeschichte treiben oder malen oder irgendwas andres. Und ehe man sich diesen Ruck gibt und den Wechsel vornimmt, kommt gewöhnlich eine Zeit großer Unlust und Depressionen.

Aus einem Brief vom März 1935 an Hans Sturzenegger

*

Mit der Selbstbeschränkung des Berufes und des Mannesalters muß man seine Jugend nicht begraben. »Jugend« ist das in uns, was Kind bleibt und je mehr dessen ist, desto reicher können wir auch im kühlbewußten Leben sein.   *Aus einem Brief, 1912 an Wilhelm Einsle*

*

Ein Lebensweg mag von gewissen Situationen aus noch so sehr determiniert scheinen, er trägt doch stets alle Lebens- und Wandlungsmöglichkeiten in sich, deren der Mensch selbst irgend fähig ist. Und die sind desto größer, je mehr Kindheit, Dankbarkeit und Liebefähigkeit wir haben.   *Aus einem Brief, 1912 an Wilhelm Einsle*

*

Der Pilger

Immer war ich auf der Fahrt,
Immer Pilgersmann,
Wenig hab ich mir bewahrt,
Glück und Weh zerrann.

Unbekannt war Sinn und Ziel
Meiner Wanderschaft,
Tausend Male, daß ich fiel,
Neu mich aufgerafft!

Ach, es war der Liebe Stern,
Den ich suchen ging,
Der so heilig und so fern
In den Höhen hing.

Eh das Ziel mir war bewußt,
Wanderte ich leicht,
Habe manche Höhenlust,
Manches Glück erreicht.

Nun ich kaum den Stern erkannt,
Ist es schon zu spät,
Hat er schon sich abgewandt,
Morgenschauer weht.

Abschied nimmt die bunte Welt,
Die so lieb mir ward.
Hab ich auch das Ziel verfehlt,
Kühn war doch die Fahrt.

1921

Zu den unvergeßlichen Augenblicken eines Lebens gehören jene seltenen, in welchen der Mensch sich selber wie von außen sieht und plötzlich Züge an sich erkennt, welche gestern noch nicht da oder ihm doch unbekannt waren: mit einem Zusammenzucken und leisen Erschrecken nehmen wir wahr, daß wir nicht das immer gleiche festgeprägte und ewige Wesen sind, als das der Mensch sich meistens fühlt; wir erwachen aus diesem süß lügenden Traum für einen Augenblick, sehen uns verändert, gewachsen oder geschwunden, entwickelt oder verkümmert, sehen und wissen uns für einen Augenblick, sei es entsetzt oder beseligt, mit in dem unendlichen Strom der Entwicklung, der Veränderung, der rastlos zehrenden Vergänglichkeit schwimmen, von welchem wir zwar wohl wissen, von welchem wir aber gewöhnlich uns selber ausnehmen.

Aus dem Gedenkblatt »Erinnerung an Hans«, 1936

*

Ich kann nicht finden, daß ein Jüngling mehr als ein Knabe, ein Mann mehr als ein Jüngling sei, sonst müßte auch wieder ein Greis mehr als ein Mann und schließlich ein »Vollendeter«, also ein Toter, mehr als ein Lebender sein. Das wollte mir nie einleuchten. Darum sind mir stets alle Dinge und Erscheinungen, soweit sie mir nur zugänglich und verständlich waren, gleich wertvoll und gleich merkwürdig gewesen. Darum schildere ich auch einen Alten so gern wie einen Jungen, einen Novemberabend so gern wie ein Sommergewitter, ja eigentlich ein Tier oder einen Baum fast ebenso gern wie einen Menschen. *Aus einem Brief vom Januar 1908 an Eduard Engels*

Manchmal

Manchmal, wenn ein Vogel ruft
Oder ein Wind geht in den Zweigen
Oder ein Hund bellt im fernsten Gehöft,
Dann muß ich lange lauschen und schweigen.

Meine Seele flieht zurück,
Bis wo vor tausend vergessenen Jahren
Der Vogel und der wehende Wind
Mir ähnlich und meine Brüder waren.

Meine Seele wird ein Baum
Und ein Tier und ein Wolkenweben.
Verwandelt und fremd kehrt sie zurück
Und fragt mich. Wie soll ich Antwort geben?

1904

*

Mir ist das Betonen oder Organisieren der Jugend nie sympathisch gewesen; es gibt eigentlich jung und alt nur unter Dutzendmenschen; alle begabteren und differenzierteren Menschen sind bald alt, bald jung, so wie sie bald froh, bald traurig sind.

Aus einem Brief vom 17. 12. 1930 an Wilhelm Kunze

*

Was mir seit Jahrzehnten widerlich ist, das ist erstens die blöde Anbetung der Jugend und Jugendlichkeit wie sie

etwa in Amerika blüht, und dann noch mehr die Etablie-
rung der Jugend als Stand, als Klasse, als »Bewegung«.

Aus einem Brief vom 9. 12. 1948 an Rolf Schott

*

Seelische Narben aus den Jugendjahren her hat fast
jeder etwas differenzierte Mensch, und es gibt, auch außer der Psychoanalyse, eine Menge von Arten, mit ihnen
fertig zu werden. Jede Religion ist eine solche Art und
auch noch jeder Religionsersatz, z. B. die Zugehörigkeit
zu einer Partei.

Aus einem Brief vom 10. 7. 1932 an seinen Sohn Heiner

*

Es ist mit dem Altwerden wie Goethe von der Einsamkeit sagt: wer sich ihr ergibt, ist bald allein. Und wer sich
dem Altwerden ergibt, ist schnell alt. Jeden Abend steht
das graue Gespenst am Bett. Aber ich werde vorher noch
einige Male um mich schlagen und einige Feuerwerke
loslassen.

Aus einem Brief vom Januar 1920 an Anny Bodmer

*

Wir müssen uns viel quälen und viel Bitteres ausfressen,
bis wir mürb und still werden … Eine Rakete hat's schöner, die macht Pfff und ist weg, wenn's grad am schön-
sten war.

Aus einem Brief vom 25. 4. 1916 an Ernst Kreidolf

Je älter man wird und je weniger Grund man eigentlich hätte, noch am Leben zu hängen, desto dümmer und ängstlicher fürchtet man sich vor dem Tod. Und desto gieriger und kindischer stürzt man sich auf die letzten Brocken des Mahles, auf die letzten paar Freuden. Und immer hofft man wieder, immer findet man Gründe zum Hoffen. Heute, während der fatale Lebenshunger des Fünfzigjährigen mir zu schaffen macht, hoffe ich auf die Zeit nachher, auf die Stille und Abgeklärtheit jenes Alters, das jenseits der kritischen Jahre liegt. Ich weiß genau, daß es nichts damit ist, daß jede ähnliche Hoffnung sich bisher als Täuschung erwiesen hat, daß das Leben für unsereinen eine tragische Angelegenheit ist und nie zu einer harmlosen werden wird – aber ich hoffe dennoch. Lassen wir diese Welle branden, lassen wir diese angeblich letzte Wallung des Lebensdranges sich austoben!   *Aus »März in der Stadt«, 1927*

*

Altwerden

All der Tand, den Jugend schätzt,
Auch von mir ward er verehrt,
Locken, Schlipse, Helm und Schwert,
Und die Weiblein nicht zuletzt.

Aber nun erst seh ich klar,
Da für mich, den alten Knaben,
Nichts von allem mehr zu haben,

Aber nun erst seh ich klar,
Wie dies Streben weise war.

Zwar vergehen Band und Locken
Und der ganze Zauber bald;
Aber was ich sonst gewonnen,
Weisheit, Tugend, warme Socken,
Ach, auch das ist bald zerronnen,
Und auf Erden wird es kalt.

Herrlich ist für alte Leute
Ofen und Burgunder rot
Und zuletzt ein sanfter Tod –
Aber später, noch nicht heute.

1918

*

Das Jahrzehnt zwischen vierzig und fünfzig ist für Menschen mit Temperament, für Künstler, immer ein kritisches, eine Zeit der Unruhe und häufiger Unzufriedenheit, wo man sich mit dem Leben und mit sich selber oft schwer abfinden kann. Aber dann kommen Jahre der Beruhigung. Ich habe das nicht nur an mir erlebt, sondern auch an manchen anderen beobachtet. So schön die Jugend ist, die Zeit der Gärung und der Kämpfe, so hat doch auch das Altwerden und Reifwerden seine Schönheit und sein Glück.

Aus einem Brief vom Dezember 1955 an seinen Sohn Bruno

*

Mit fünfzig Jahren beginnt der Mensch auf das eigene Leben ohne Leidenschaft zurückzublicken. Er lernt warten, er lernt schweigen, er lernt zuhören und sollten diese guten Gaben durch etwelche Gebresten und Schwächen erkauft werden müssen, so betrachte er diesen Kauf als einen Gewinn.

Notiz zum 50. Geburtstag seiner Frau Ninon, 18.9.1945

*

Älterwerden

Sterne der Jugend, wohin
Seid ihr hinabgefallen?
Keinen mehr von euch allen
Seh im Gewölk ich ziehn.

Ihr meiner Jugend Genossen,
Ach wie früh mit der Welt
Habt ihr Frieden geschlossen!
Keiner, der zu mir hält!

Junge, die ihr uns Alten
Hohnlacht, wie habt ihr recht!
Denn auch ich selber – wie schlecht
Hab ich mir Treue gehalten!

Dennoch kämpfe ich weiter,
Steh entgegen der Welt.
Kann ich nicht siegen als Held,
Will ich doch fallen als Streiter.

1928

Dieser Tage las ich bei einem der alten Chinesen: »Wenn man die Verstorbenen Heimgegangene nennt, dann sind die Lebenden Wanderer. Wer wandert und weiß nicht wohin, ist heimatlos. Wenn ein einzelner Mensch seine Heimat verloren hat, so hält man das für unrecht. Nun aber die ganze Welt ihre Heimat verlor, ist niemand, der es unrecht fände.«

Aus einem Brief um 1938 an Alice Leuthold

*

Es darf uns nicht daran liegen, das Vergangene festzuhalten oder zu kopieren, sondern wandlungsfähig das Neue zu erleben. Insofern ist Trauer im Sinn des Hängenbleibens an einem Verlust nicht gut und nicht im Sinne des wahren Lebens.

Aus einem Brief vom 28.7.1916 an seine Schwester Adele

*

Auf einem nächtlichen Marsch

Sturm und schräger Regenstrich,
Schwarze Felderweite,
Wolkenschatten feierlich
Geben uns Geleite.

Plötzlich aus erhelltem Schacht
Dunkler Wolkenhänge
Blickt die monderfüllte Nacht
Still in das Gedränge.

Himmelsinseln blauen rein,
Strenge Sterne grüßen,
Wolkenrand im Mondesschein
Wallt in Silberflüssen.

Seele, Seele, sei bereit!
Ferne Brüder rufen
Aus der Finsternis der Zeit
Dich zu goldnen Stufen.

Seele, nimm das Zeichen an,
Bade dich im Weiten!
Gott wird deine dunkle Bahn
Noch zum Lichte leiten.

1915

*

Das Altwerden an sich ist ja ein natürlicher Prozeß, und
ein Mann von 65 oder 75 Jahren ist, wenn er nicht jünger sein will, durchaus ebenso gesund und normal wie
einer von 30 oder 50. Aber man ist eben mit seinem eigenen Alter leider nicht immer auf einer Stufe, man eilt ihm
innerlich voraus, und noch öfter bleibt man hinter ihm
zurück – das Bewußtsein und Lebensgefühl ist dann
weniger reif als der Körper, wehrt sich gegen dessen
natürliche Erscheinungen und verlangt etwas von sich
selber, was es nicht leisten kann.

Aus einem Brief vom März 1935 an Hans Sturzenegger

*

Klage

Uns ist kein Sein vergönnt. Wir sind nur Strom,
Wir fließen willig allen Formen ein:
Dem Tag, der Nacht, der Höhle und dem Dom,
Wir gehn hindurch, uns treibt der Durst nach Sein.

So füllen Form um Form wir ohne Rast,
Und keine wird zur Heimat uns, zum Glück, zur Not,
Stets sind wir unterwegs, stets sind wir Gast,
Uns ruft nicht Feld noch Pflug, uns wächst kein Brot.

Wir wissen nicht, wie Gott es mit uns meint,
Er spielt mit uns, dem Ton in seiner Hand,
Der stumm und bildsam ist, nicht lacht noch weint,
Der wohl geknetet wird, doch nie gebrannt.

Einmal zu Stein erstarren! Einmal dauern!
Danach ist unsre Sehnsucht ewig rege,
Und bleibt doch ewig nur ein banges Schauern,
Und wird doch nie zur Rast auf unsrem Wege.

1934

*

Ich wundere mich oft über die große Zähigkeit, mit der
unsere Natur am Leben hängt. Fügsam, wenn auch keineswegs gerne, gewöhnt man sich an Zustände, die einem noch vorgestern als völlig unerträglich erschienen
wären.

Aus einem Brief vom März 1956 an Peter Suhrkamp

Wie der Wald sich gegen den Herbst, wie der Sommer sich gegen das Sterbenmüssen wehrte! So wehrt sich der Mensch in den Jahren, wo sein Sommer sinkt, gegen das Welken und Sterben, gegen die eindringende Kühle des Weltraums, gegen die eindringende Kühle im eigenen Blut. Und mit erneuter Innigkeit gibt er sich den kleinen Spielen und Klängen des Lebens hin, den tausend holden Schönheiten seiner Oberfläche, den zärtlichen Farbenschauern, den huschenden Wolkenschatten, klammert sich lächelnd und angstvoll an das Vergänglichste, sieht seinem Sterben zu, schöpft Angst und schöpft Trost daraus, und lernt schaudernd die Kunst des Sterbenkönnens. Hier liegt die Grenze zwischen Jugend und Alter. Mancher hat sie schon mit vierzig Jahren oder früher überschritten, mancher spürt sie erst spät in den Fünfzigern oder Sechzigern. Aber es ist immer dasselbe: statt der Lebenskunst beginnt jene andere Kunst uns zu interessieren, statt der Bildung und Verfeinerung unserer Persönlichkeit beginnt deren Abbau und Auflösung uns zu beschäftigen, und plötzlich, beinah von einem Tag auf den andern, empfinden wir uns als alt, empfinden wir die Gedanken, Interessen und Gefühle der Jugend als fremd. Diese Tage des Übergangs sind es, in welchen solche kleine zarte Schauspiele wie das Verglühen und Hinsterben eines Sommers uns ergreifen und bewegen können, uns das Herz mit Staunen und Schaudern erfüllen, uns zittern und lächeln machen.

Aus »Sommers Ende«, 1926

*

Auf eine menschenwürdige Art alt zu werden und jeweils die unserem Alter zukommende Haltung oder
Weisheit zu haben, ist eine schwere Kunst; meistens sind
wir mit der Seele dem Körper gegenüber entweder voraus oder zurück, und zu den Korrekturen dieser Diffe-
renzen gehören jene Erschütterungen des inneren Le-
bensgefühls, jenes Zittern und Bangen an den Wurzeln,
die uns je und je bei Lebenseinschnitten und Krankheiten befallen. Mir scheint, man darf ihnen gegenüber
wohl klein sein und sich klein fühlen, wie Kinder durch
Weinen und Schwäche hindurch am besten das Gleichgewicht nach einer Störung des Lebens wiederfinden.

Aus einem Brief vom 22. 5. 1935 an Joseph Feinhals

*

Was die Weisheit des Alters gegenüber den Leidenschaften betrifft, so ist sie ja schon eine gute Sache, aber das
Alter bringt, weil es auch ein Stück Leben ist, eben immer
wieder neue Lagen, denen gegenüber wir nicht weise
sind, weil sie neu sind und Neues fordern. So macht man
weiter Versuche und Dummheiten, und hat vor den Jün-
geren nichts voraus als ein Plus an Geduld.

Aus einem Brief um 1945 an Else Marti

*

Das Bedürfnis der Jugend ist: sich selbst ernst nehmen
zu können. Das Bedürfnis des Alters ist: sich selber
opfern zu können, weil über ihm etwas steht, was es
ernst nimmt. Ein geistiges Leben muß zwischen diesen

beiden Polen ablaufen und spielen. Denn Aufgabe, Sehnsucht und Pflicht der Jugend ist das Werden, Aufgabe des reifen Menschen ist das Sichweggeben oder, wie die deutschen Mystiker es einst nannten, das »Entwerden«. Man muß erst ein voller Mensch, eine wirkliche Persönlichkeit geworden sein und die Leiden dieser Individuation erlitten haben, ehe man das Opfer dieser Persönlichkeit bringen kann.

Aus einem Brief vom Januar 1933 an Herrn M. K.

*

Das Kranksein und Sterben sollte nur den alten Leuten zugemutet werden, nicht den noch jungen, kräftigen und Zufriedenen. Man wehrt sich dagegen, man erschrickt und empfindet es als brutal und unnatürlich, denn der Mensch weiß zwar mit dem Verstande, daß es in der Natur keineswegs freundlich und schonend zugeht, aber für gewöhnlich hält er sich doch an die sanften und heiteren Aspekte der Natur und sucht sie sich als Mutter, als Hegerin und Freundin des Lebenden vorzustellen. Wenn sie dann den schönen Schein durchbricht und mit der Pranke nach einem von uns schlägt, ist es immer schrecklich und wie ein gewaltsames Erwachen aus lieben Illusionen und Gewohnheiten.

Aus einem Brief vom 23.8.1947 an Otto Basler

*

Ich glaube, man kann im Leben eine ganz genaue Grenze ziehen zwischen Jugend und Alter. Die Jugend hört auf

mit dem Egoismus, das Alter beginnt mit dem Leben für andere.   *Aus »Gertrud«, 1907/08*

*

Im Alter spürt man oft den Widerspruch, daß zwar die Jahre ungeheuer schnell, die Tage oder Stunden aber oft so langsam hingehen.

Aus einem Brief vom Dezember 1943 an Otto Korradi

*

Wer alt geworden ist und darauf achtet, der kann beobachten, wie trotz dem Schwinden der Kräfte und Potenzen ein Leben noch spät und bis zuletzt mit jedem Jahr das unendliche Netz seiner Beziehungen und Verflechtungen vergrößert und vervielfältigt und wie, solange ein Gedächtnis wach ist, doch von all dem Vergänglichen und Vergangenen nichts verlorengeht.

Aus »Weihnachtsgaben«, 1955

*

Neues Erleben

Wieder seh ich Schleier sinken,
Und Vertrautestes wird fremd,
Neue Sternenräume winken,
Seele schreitet traumgehemmt.

Abermals in neuen Kreisen
Ordnet sich um mich die Welt,
Und ich seh mich eiteln Weisen
Als ein Kind hineingestellt.

Doch aus früheren Geburten
Zuckt entfernte Ahnung her:
Sterne sanken, Sterne wurden,
Und der Raum war niemals leer.

Seele beugt sich und erhebt sich,
Atmet in Unendlichkeit,
Aus zerrißnen Fäden webt sich
Neu und schöner Gottes Kleid.

1914

*

Mit der Reife wird man immer jünger. Es geht auch mir so, obwohl das wenig sagen will, da ich das Lebensgefühl meiner Knabenjahre im Grund stets beibehalten habe und mein Erwachsensein und Altern immer als eine Art Komödie empfand.

Aus einem Brief vom 14. 1. 1922 an Werner Schindler

*

Was wäre mit uns Alten, wenn wir nicht das hätten: das Bilderbuch der Erinnerung, den Schatz an Erlebtem! Kläglich wäre es und elend. So aber sind wir reich, und wir tragen nicht nur einen verbrauchten Leib dem Ende

und dem Vergessen entgegen, sondern sind auch Träger jenes Schatzes, der so lange lebt und leuchtet, als wir atmen. *Aus einem Brief um 1955 an Otto Korradi*

*

In der Jugend findet man es richtig und selbstverständlich, daß es einen Eichendorff und Schubert, einen Stifter und Mozart, einen Brentano und Goethe gibt, und schluckt das Gute ein wie die liebe Luft. Erst später, im Altwerden, sieht man die Seltenheit des Schönen, und welches Wunder es eigentlich ist, wenn zwischen den Fabriken und Kanonen auch Blumen blühen und zwischen den Zeitungen und Börsenzetteln auch noch Dichtungen leben.

Aus einem Brief vom November 1930 an Hans Carossa

*

Wunderbarer Zauber, glühend trauriger Zauber der Vergänglichkeit! Und noch wunderbarer, das Nichtvergangensein, Nichterloschensein des Gewesenen, sein geheimes Fortleben, seine geheime Ewigkeit, seine Erweckbarkeit in der Erinnerung, sein Lebendigbegrabensein im stets wieder zu beschwörenden Wort!

Aus einem Tagebuch, 14. 5. 1955

*

Die Weltgeschichte wird im wesentlichen von den Primitiven und den Jungen gemacht, die besorgen das Vorwärtstreiben und Beschleunigen, im Sinn von Nietzsches

etwas theatralischem Wort »Was fallen will, soll man auch noch stoßen«. (Er, der Hochsensible, hätte nie einem alten Tier diesen Stoß versetzen können!) Es bedarf, damit die Geschichte auch Friedensinseln behalte und erträglich bleibe, immer auch des Retardierens und Konservierens als Gegenmacht, diese Aufgabe fällt den Kultivierten und Alten zu. Mag nun der Mensch, den wir uns denken und wünschen, andre Wege gehen als die unseren und sich zur Bestie oder Ameise entwickeln, so bleibt es eben unsere Aufgabe, diesen Vorgang möglichst zu verlangsamen helfen. Unbewußt lassen sogar die militanten Mächte in der Welt diese Gegentendenz gelten, indem sie – wenn auch täppisch genug – neben den Rüstungen und Propaganda-Lautsprechern ihre Kulturbetriebe pflegen.

Aus einem Brief vom 12./13. 3. 1960 an Herbert Schulz

*

Daß der Mensch jeder Teufelei und Bestialität fähig sei, hat schon die Bibel und haben schon die Kirchenväter sehr wohl gewußt; daß er dennoch fähig und bestimmt sei, Gottes Ebenbild zu werden, das wissen auch heute, in einer zerstörten Welt ohne Kultur, Unzählige. An meinem Glauben hat die letzte Phase der Weltgeschichte nichts zerstört und nichts geändert; nur bin ich für meine Person des Treibens müde geworden, und finde auch darin die Welt erstaunlich gut eingerichtet: daß sie trotz allem den Jungen immer wieder Spaß macht, und den Alten den Abschied nicht erschwert.

Aus einem Brief vom 10. 3. 1946 an H. Borchardt

Ich bin ein alter Mann und habe die Jugend gern, aber ich müßte lügen, wenn ich sagen wollte, daß sie mich stark interessiert. Für alte Leute, zumal in Zeiten so schwerer Prüfung wie jetzt, gibt es nur eine interessante Frage: die Frage nach dem Geist, dem Glauben, der Art von Sinn und Frömmigkeit, die sich bewährt, die den Leiden und dem Tod gewachsen ist. Den Leiden und dem Tod gewachsen sein, ist die Aufgabe des Alters, Begeistertsein, Mitschwingen, Angeregtsein ist die Stimmung der Jugend. Die können einander gelten lassen und können miteinander befreundet sein, aber sie sprechen zweierlei Sprache.

Aus einem Brief vom 7.5.1935 an Ernst Kappeler

*

Für den, der alt geworden ist, war das Suchen ein Irrweg und das Leben verfehlt, wenn er nichts Objektives, nichts über ihn und seinen Sorgen Stehendes, nichts Unbedingtes oder Göttliches zu verehren gefunden hat, in dessen Dienst er sich stellt und dessen Dienst allein es ist, der seinem Leben Sinn gibt.

Aus einem Brief vom Januar 1933 an einen Leser in Düsseldorf

*

Sache der Älteren ist es, freier, spielender, erfahrener, gütiger mit der eigenen Liebesfähigkeit zu verfahren, als Jugend es tun kann. Alter findet immer leicht die Jungen altklug. Aber Alter ahmt selber immer gern die Gebärden und Arten der Jugend nach, ist selber fanatisch, ist

selber ungerecht, ist selber alleinseligmachend und leicht beleidigt. Alter ist nicht schlechter als Jugend, Lao Tse ist nicht schlechter als Buddha, Blau ist nicht schlechter als Rot. Alter wird nur gering, wenn es Jugend spielen will.

Aus »Zu ›Expressionismus in der Dichtung‹«, 1918

*

So wie man in der Jugend zu Zeiten vom Schönen und Angenehmen, von den Freuden des Auges und der Sinne etc. gar nicht genug kriegen kann, so hat man es im Alt-werden mit dem Wissen; man meint, man müsse von dem Unendlichen, was auf Erden wißbar ist, so viel wie möglich in sich hineinkriegen, und das ist ein schöner Trieb.   *Aus einem Brief um 1938 an Fanny Schiler*

*

Die Jugend ist entflohn,
man ist nicht mehr gesund.
Es drängt die Reflexion
sich in den Vordergrund.

1956

*

Weil alte Leute sonst nichts mehr können, als den Jünge-ren weise Ratschläge zu geben, gebe auch ich Dir einen Rat und Wink, weil der 60. Geburtstag dafür genau der rechte Augenblick ist. In diesem Alter wird es Zeit, daß man ein wenig von seinem Männer- und Knabenstolz

und Trotz aufgibt und mit dem Leben, das man bisher kommandiert hat, etwas sanfter und behutsamer umzugehen beginnt. Dazu gehört etwas Sorgfalt und Nachgiebigkeit den Schwächen und Krankheiten gegenüber; man sollte sie dann nicht mehr anknurren und gewaltsam zum Schweigen bringen, sondern ihnen etwas nachgeben und schöntun, sich pflegen und sowohl mit Arzt und Medizin, wie auch mit mehr Ausruhen, mehr Kuren und Zwischenpausen in der Arbeit ihnen die Ehre erweisen, die ihnen gebührt, denn sie sind Sendboten der größten Macht, die es auf Erden gibt.

Aus einem Brief vom 24. 8. 1947 an Max Wassmer

*

Das Altwerden ist ja nicht bloß ein Abbauen und Hinwelken, es hat, wie jede Lebensstufe, seine eigenen Werte, seinen eigenen Zauber, seine eigene Weisheit, seine eigene Trauer, und in Zeiten einer einigermaßen blühenden Kultur hat man mit Recht dem Alter eine gewisse Ehrfurcht erwiesen, welche heut von der Jugend in Anspruch genommen wird. Wir wollen das der Jugend nicht weiter übelnehmen. Aber wir wollen uns doch nicht aufschwatzen lassen, das Alter sei nichts wert.

Aus einem Brief vom 10. 1. 1937 an Georg Reinhart

*

Altsein ist eine ebenso schöne und heilige Aufgabe wie Jungsein; Sterbenlernen und Sterben ist eine ebenso wertvolle Funktion wie jede andre – vorausgesetzt, daß

sie mit Ehrfurcht vor dem Sinn und der Heiligkeit alles Lebens vollzogen wird. Ein Alter, der das Altsein, die weißen Haare und die Todesnähe nur haßt und fürchtet, ist kein würdiger Vertreter seiner Lebensstufe, so wenig wie ein junger und kräftiger Mensch, der seinen Beruf und seine tägliche Arbeit haßt und sich ihnen zu entziehen sucht.

Kurz gesagt: um als Alter seinen Sinn zu erfüllen und seiner Aufgabe gerecht zu werden, muß man mit dem Alter und allem, was es mit sich bringt, einverstanden sein, man muß Ja dazu sagen. Ohne dieses Ja, ohne die Hingabe an das, was die Natur von uns fordert, geht uns der Wert und Sinn unsrer Tage – wir mögen alt oder jung sein – verloren, und wir betrügen das Leben.

Aus »Über das Alter«, 1952

*

Im Älterwerden neigt man dazu, auch die moralischen Erscheinungen, die Verwirrungen und Entartungen im Menschen- und Völkerleben wie Naturlaunen zu nehmen, wobei einem wenigstens der tröstliche Ausblick bleibt, daß noch nach jeder Katastrophe wieder Gras und Blumen gewachsen sind und daß nach jeder Verrücktheit die Völker wieder zu gewissen moralischen Grundbedürfnissen zurückkehren, denen trotz allem doch eine gewisse Stabilität und Norm innezuwohnen scheint. *Aus einem Brief vom 14.6.1939 an Helene Welti*

*

Man blickt im hohen Alter mit merkwürdigen Betrachtungen auf ein langes, abgelaufenes Leben zurück. Die zweite Hälfte meines Lebens war die dramatische, reich an Kämpfen, reich an Feinden, an Not und schließlich an allzuvielen Erfolgen. Aber die Kraft zum Überstehen dieser unruhigen Lebenshälfte kam von der ersten, stilleren Hälfte her, von den nahezu vierzig Jahren des Friedens, die ich erleben durfte. Man hat vom Krieg als einem Stahlbad gesprochen. Nach meiner Erfahrung ist es aber nur der Friede, der fördert und Kräfte gibt.

Aus einem Brief vom 6. 7. 1957 an Ernst Köpfli

＊

Es gibt kein höheres Schauspiel als den Menschen, der weise geworden ist und die Befangenheit des Zeitlichen und Persönlichen abgestreift hat.

Aus »Dank an Goethe«, 1932

＊

Das Alter hat viele Beschwerden; aber es hat auch seine Gnadengaben, und eine von ihnen ist diese Schutzschicht von Vergessen, von Müdigkeit, von Ergebenheit, die es zwischen uns und unseren Problemen und Leiden wachsen läßt. Es kann Trägheit, Verkalkung, häßliche Gleichgültigkeit sein, aber es kann, ein klein wenig anders vom Moment beleuchtet, auch Gelassenheit, Geduld, Humor, hohe Weisheit und Tao sein.

Aus »Rigi-Tagebuch«, 1945

Dieses Zusammensinken im Alter hat sein Gutes, es macht doppelt gleichgültig gegen außen, namentlich gegen die Weltgeschichte und die Aktiengesellschaften, von denen sie betrieben wird.

Aus einem Brief um 1950 an Otto Basler

*

Man wird so schnell alt, wenn man mit dem Kurs der Welt uneins ist.

Aus einem Brief vom 21. 10. 1929 an Carlo Isenberg

*

Man lebt, wenn man heute alt ist, in einer anderen geologischen Schicht mit anderem Klima und völlig anderer Umwelt als der, in der man aufgewachsen und einst die Norm und Selbstverständlichkeit war. Zuweilen wundert man sich, daß man überhaupt noch da ist.

Aus einem Brief vom Februar 1950 an Jeanne Berta Semmig

*

Die Welt gönnt uns wenig mehr, sie scheint oft nur noch aus Radau und aus Angst zu bestehen, aber Gras und Bäume wachsen doch noch. Und wenn einmal die Erde vollends mit Betonkasten bedeckt sein wird, werden die Wolkenspiele noch immer da sein, und es werden da und dort Menschen sich mit Hilfe der Kunst eine Tür zum Göttlichen offen halten.

Aus einem Brief vom Januar 1949 an G. Wiedwald

Zu unterscheiden ist freilich zwischen der Resignation des müden Alten, den die Welt nicht mehr stark interessiert, und dem eigentlichen und innersten Glauben dieses Alten. Die Müdigkeit ist ja nur eine physiologische, und wenn ich die heutige Welt und ihren Gestank gern verlasse, so bedeutet das doch nicht, daß ich an Welt und Menschheit ein für allemal verzweifelt wäre. Ich wittere Untergang und sehe Häßlichstes herankommen, aber das wird auch sein Ende finden, und es kann in einer völlig zerstörten Welt nachher wieder alles das aufblühen, wozu der Mensch die Möglichkeiten und die Sehnsucht in sich trägt.

Aus einem Brief vom Oktober 1951 an Georg Schwarz

*

Zwischen 50 und 80 kann man viel Hübsches erleben, beinah ebensoviel wie in den früheren Jahrzehnten. Die 80 zu überschreiten, würde ich Ihnen nicht empfehlen, es ist dann nicht mehr hübsch.

Aus einem Brief vom April 1961 an Gunter Böhmer

*

Das Verlieren der Nächsten, der Jugendgenossen vor allem, ist ja unter dem vielen Wunderlichen und Zweideutigen, das uns das Alter bringt, vielleicht das Wunderlichste. Wie da so allmählich alle hinwegschwinden und man am Ende weit mehr Nahe und Nächste »drüben« hat als hier, wird man unversehens selber auf dies Drüben neugierig und verliert die Scheu, die der noch fester Umbaute davor hat.

Aus einem Brief vom 17.3.1950 an Thomas Mann

Ich will Ihnen Kraft und Geduld wünschen im Kampf mit dem Alter, bei dem man auch im Unterliegen gewinnen kann. *Aus einer Postkarte um 1950 an Siegfried Seeger*

*

Der Bruder Leib ist oft ein lästiger, weil allzu naher Verwandter. Und das »Überwinden der Welt« ist ja kein Zustand, sondern ein Tun, sogar ein Kampf, bei dem man nicht immer oben zu liegen kommt.
Aus einem Brief vom Juli/August 1962 an Gertrud von Le Fort

*

»Was man in der Jugend wünscht, hat man im Alter die Fülle«, sagt Goethe. Zwar habe ich mir in der Jugend weder Augenschmerzen noch Gicht gewünscht, aber in manchem stimmt es doch.
Aus einem Brief vom Januar 1942 an Louis Moilliet

*

Das Umziehen fällt mit dem Alter immer schwerer und schließlich ist einem der Totenwagen willkommener als jeder Möbelwagen.
Aus einem Brief vom 15.4.1931 an Helene Welti

*

Das Alter ist kein Feind, den man bekämpfen oder gar beschämen könnte, es ist ein rutschender Berg, der uns zudeckt, ein langsam kriechendes Gas, das uns erstickt.
Aus einem Brief vom 26.12.1939 an Rolf Schott

Im Älterwerden liebt man den Herbst immer mehr, während man den Frühling fürchtet.

Aus einem Brief vom 26. 10. 1929 an Elsy Bodmer

*

Der Frühling ist für alte Leute meistens keine angenehme Zeit. So wie der Föhn an den Bäumen rüttelt und jeden alten Baum Ast um Ast abtastet, ob er ihn nicht abknicken könne, so rüttelt der Frühling an den alten Leuten, ob sie bald morsch genug seien. Schön ist er aber dennoch.

Aus einem Brief Ostern 1948 an Karl Kloter

*

Das Übriggebliebensein und sich Durchgebissenhaben ist auch etwas und schmeckt wie die Gebärde eines krummen Astes an einem alten Baum.

Aus einem Brief vom 24. 11. 1929 an Manuel Gasser

*

Contra vim mortis est medicamen in hortis [Gegen die Gewalt des Todes ist kein Kraut gewachsen]. Doch ist der Kuckuck wieder da, und die Amsel singt auch ohne Kenntnis der Zwölftonmusik.

Aus einem Brief, 1958 an Ferdinand Gerhardt

*

Zum Eintritt in den neuen Lebensraum, den Vorhof des Alters, wünscht ein Alter Ihnen die Gaben, die uns das Leben auf dieser Stufe zu geben hat: vermehrte Unabhängigkeit vom Urteil anderer, vermehrte Unberührbarkeit durch die Leidenschaften, ungestörte Andacht vor dem Ewigen.   *Albumblatt, 1950er Jahre*

*

Mit den Gedächtnislücken bei alten Leuten, wenigstens bei mir, scheint es so zu sein, daß das Gehirn nicht nur die alten, frühen Erinnerungen besser als die jungen bewahrt, sondern daß es auch eine gewisse Auswahl trifft zwischen Substantiellem und Sekundärem, daß es also z.B. alles leicht vergißt, was mit Routine und Apparatur zu tun hat.

Aus einem Brief vom September 1960 an Siegfried Unseld

*

Alter und Verkalkung machen Fortschritte, manchmal will das Blut nicht mehr so richtig durchs Gehirn laufen. Aber diese Übel haben schließlich auch ihre gute Seite: man nimmt nicht alles mehr so deutlich und heftig auf, man hört an vielem vorbei, man spürt manchen Hieb oder Nadelstich überhaupt nicht mehr, und ein Teil des Wesens, das einst Ich hieß, ist schon dort, wo bald das Ganze sein wird.   *Aus »Ein Brief nach Deutschland«, 1946*

*

Das Alter hilft einem über manches hinweg, und wenn ein alter Mann den Kopf schüttelt oder ein paar Worte murmelt, dann sehen die einen darin abgeklärte Weisheit, die andern einfach Verkalkung; und ob sein Verhalten zur Welt nun im Grunde ein Ergebnis von Erfahrung und Weisheit oder nur die Folge von Kreislaufstörungen sei, das bleibt ununtersucht, auch vom Alten selbst.

Aus einem Brief vom November 1942 an Lajser Ajchenrand

*

Die Dämonen suchen auch mich zuweilen noch heim. Doch muß ich der Senilität zugestehen, so viel Widriges sie hat, sie setzt doch auch unsre Empfänglichkeit und Empfindlichkeit für Leid und Unglück herab und macht unser dünnes Fell etwas dicker. Sie sei dafür gepriesen; wer möchte sonst heute noch leben.

Aus einem Brief vom August 1940 an Alfred Kubin

*

Man wird im Alter so bescheiden; wenn man ordentlich geschlafen und keine heftigen Schmerzen hat, ist man schon beinahe zufrieden.

Aus einem Brief vom August 1948 an Hans Huber

*

Ich bin oft so müde, daß ich den Tod wie eine große Glückseligkeit sehe, aber das Älterwerden und Altsein

ist nichts Schönes, und die paar Tropfen Weisheit, die es einem auspreßt, sind doch teuer zu zahlen.

Aus einem Brief vom 20. 1. 1935 an seine Schwester Adele

*

Es hat bei mir in letzter Zeit einen starken Ruck getan. Das Altern und Verfallen geht, wie einst in jungen Jahren das Wachsen, in Schüben oder Rucken. Vielmehr: es mag seinen leisen ständigen Gang haben, den merkt man nicht, aber dann geht es zuweilen plötzlich wie im Sprung, und das merkt man sehr ... Die Beschwerden wachsen und oft braucht es allen Beistand des Geistes, um standzuhalten.

Aus einem Brief vom Januar 1962 an Felix Lützkendorf

*

Ich sehne mich nach dem Tod, aber nach keinem vorzeitigen und unreifen, und in allem Verlangen nach Reife und Weisheit bin ich noch tief und blutig verliebt in die süße launige Torheit des Lebens. Wir wollen beides gemeinsam haben, schöne Weisheit und süße Dummheit, mein lieber Freund! Wir wollen noch oft, oft miteinander schreiten und miteinander stolpern, beides soll köstlich sein.

Aus einem Brief vom 20. 2. 1917 an Walter Schädelin

*

Das ist eine der paar guten Gaben des Greisentums, daß man von der Gegenwart und Wirklichkeit nicht mehr so ganz erreicht werden kann, es legt sich ein langsam dichter werdender Schleier dazwischen.

Aus einem Brief vom 7. 9. 1951 an Ludwig Tügel

*

Wenn einer alt geworden ist und das Seine getan hat, steht es ihm zu, sich in der Stille mit dem Tode zu befreunden. Nicht bedarf er der Menschen. Er kennt sie, hat ihrer genug gesehen. Wessen er bedarf ist Stille. Nicht schicklich ist es, einen solchen aufzusuchen, ihn anzureden, ihn mit Schwatzen zu quälen. An der Pforte seiner Behausung ziemt es sich vorbeizugehen, als wäre sie Niemandes Wohnung.

»Worte des Meng Hsiä«, Tafel an Hesses Haustür, ab 1947

*

Unser Leben ist kurz, und bald werden wir auf der anderen Seite sein, und wenn wir auch über dies Jenseits nichts wissen, so haben wir doch die Erfahrung gemacht, daß ein Toter uns vielmal lebendiger, lieber und näher sein kann als alle Lebenden um uns her und darin ist die natürliche Herzensbeziehung zum Drüben wohl begründet.

Aus einem Brief vom 17. 5. 1947 an Grete Gundert

Schule, Erziehung und Bildung

Ohne viel Verständnis, aber mit dem stärkenden Gefühl, der Überlegene zu sein, steht der Erwachsene dem Kinde gegenüber. Bis sich zeigt, daß dies Gefühl der Überlegenheit nur auf tiefem Nichtkennen beruht.

Aus der Rezension »Die Plastik der Neger«, Juli 1915

*

Die Schule ist die einzige moderne Kulturfrage, die ich ernst nehme und die mich gelegentlich aufregt. An mir hat die Schule viel kaputtgemacht, und ich kenne wenig bedeutendere Persönlichkeiten, denen es nicht ähnlich ging. Gelernt habe ich dort nur Latein und Lügen.

Aus einem Brief vom 25.11.1904 an Karl Isenberg

*

Der Mensch, wie ihn die Natur erschafft, ist etwas Unberechenbares, Undurchsichtiges, Feindliches. Er ist ein von unbekanntem Berge herbrechender Strom und ist ein Urwald ohne Weg und Ordnung. Und wie ein Urwald gelichtet und gereinigt und gewaltsam eingeschränkt werden muß, so muß die Schule den natürlichen Menschen zerbrechen, besiegen und gewaltsam einschränken; ihre Aufgabe ist es, ihn nach obrigkeitlicherseits gebilligten Grundsätzen zu einem nützlichen Glied der Gesellschaft zu machen und die Eigenschaften

in ihm zu wecken, deren völlige Ausbildung alsdann die sorgfältige Zucht der Kaserne krönend beendigt.

Aus »Unterm Rad«, 1903

＊

Jesus war zwölfjährig, als er im Tempel die Gelehrten beschämte. Wir alle haben mit zwölf Jahren unsere Gelehrten und Lehrer beschämt, waren klüger als sie, genialer als sie, tapferer als sie.

Aus »Eine Traumfolge«, 1916

＊

Ein Schulmeister hat lieber einige Esel als ein Genie in seiner Klasse, und genau betrachtet hat er ja recht, denn seine Aufgabe ist es nicht, extravagante Geister heranzubilden, sondern gute Lateiner, Rechner und Biedermänner. Wer aber mehr und Schwereres vom andern leidet, der Lehrer vom Knaben oder umgekehrt, wer von beiden mehr Tyrann, mehr Quälgeist ist und wer von beiden es ist, der dem anderen Teile seiner Seele und seines Lebens verdirbt und schändet, das kann man nicht untersuchen, ohne mit Zorn und Scham an die eigene Jugend zu denken.

Aus »Unterm Rad«, 1903

＊

Wir haben den Trost, daß bei den wirklich Genialen fast immer die Wunden vernarben und daß aus ihnen Leute werden, die der Schule zum Trotz ihre guten Werke

schaffen und welche später, wenn sie tot und vom angenehmen Nimbus der Ferne umflossen sind, anderen Generationen von ihren Schulmeistern als Prachtstücke und edle Beispiele vorgeführt werden. Und so wiederholt sich von Schule zu Schule das Schauspiel des Kampfes zwischen Gesetz und Geist, und immer wieder sehen wir Staat und Schule atemlos bemüht, die alljährlich auftauchenden paar tieferen und wertvolleren Geister an der Wurzel zu knicken. Und immer wieder sind es vor allem die von den Schulmeistern Gehaßten, die Oftbestraften, Entlaufenen, Davongejagten, die nachher den Schatz unseres Volkes bereichern. Manche aber – und wer weiß wie viele? – verzehren sich in stillem Trotz und gehen unter. *Aus »Unterm Rad«, 1903*

*

Man neigt dazu, aus den Lebensläufen der sogenannten Genies den beruhigenden Schluß zu ziehen, daß schließlich noch jedesmal der wirklich Starke und Begabte seinen Weg gefunden und seine Werke geschaffen habe. Das ist ein feiger Trost und eine Lüge; es sind in Wahrheit viele jener Berühmtheiten trotz hoher Leistungen nie das geworden, wozu der Wurf und die Berufung in ihnen lag, und es sind auch zu allen Zeiten viele Begabte nicht auf den ihrer würdigen Weg gekommen und viele Lebensläufe gebrochen und ins Elend getrieben worden.
Aus »Der schwäbische Lebenslauf«, zweite Fassung, 1934

*

Es war mit dem Dichter genauso wie es mit dem Helden war, und mit allen starken oder schönen, hochgemuten und nicht alltäglichen Gestalten und Bestrebungen: in der Vergangenheit waren sie herrlich, alle Schulbücher standen voll ihres Lobes, in der Gegenwart und Wirklichkeit aber haßte man sie, und vermutlich waren die Lehrer gerade dazu angestellt und ausgebildet, um das Heranwachsen von famosen, freien Menschen und das Geschehen von großen, prächtigen Taten nach Möglichkeit zu verhindern.

Aus »Kurzgefaßter Lebenslauf«, 1921-1924

*

Ich halte unsre Schule, die im Menschen je nachdem bis zum vierzehnten, achtzehnten und zwanzigsten Jahr nur eine Vorstufe ohne Eigenwert sieht, nicht für einwandfrei. Ich lese manchmal in Historien und Memoiren mit Erstaunen, wie früher häufig Männer in Jahren, wo sie heute noch vier Examina bis zur Menschwerdung vor sich hätten, bedeutende Stellen innegehabt und Bedeutendes geleistet haben. Ich denke mir dann mit Betrübnis eine noch etwas vorsichtigere Zeit, in der man Student nicht vor dreißig, Beamter nicht vor vierzig werden kann. Das Heiraten wird dann auch entsprechend später möglich werden, und anständige Leute werden, noch mehr als heute, legitime Kinder erst in einem Alter erzeugen können, in dem man den armen Kleinen nur noch Reste mitzugeben hat.

Aus einem offenen Brief vom Januar 1908 an Eduard Engels

Die Schule befaßte sich nicht mit jenen ernsthaften Fertigkeiten, welche für das Leben unentbehrlich sind, sondern vorwiegend mit Kenntnissen, von welchen manche mir lebenslänglich treu geblieben sind; so weiß ich heute noch viele schöne und witzige lateinische Wörter, Verse und Sprüche sowie die Einwohnerzahlen vieler Städte in allen Erdteilen, natürlich nicht die von heute, sondern die von 1890.   *Aus »Kindheit des Zauberers«, 1921/23*

*

Unsre Lehrer lehrten uns zwar in jenem amüsanten Lehrfach, das sie Weltgeschichte nannten, daß stets die Welt von solchen Menschen regiert und gelenkt und verändert worden war, welche sich ihr eigenes Gesetz gaben und mit den überkommenen Geboten brachen, und es wurde uns gesagt, daß diese Menschen verehrungswürdig seien. Allein dies war ebenso gelogen wie der ganze übrige Unterricht, denn wenn einer von uns einmal Mut zeigte und gegen irgendein Gebot, oder auch bloß gegen eine dumme Gewohnheit oder Mode protestierte, dann wurde er weder verehrt noch uns zum Vorbild empfohlen, sondern bestraft, verhöhnt und von der feigen Übermacht der Lehrer erdrückt.

Aus »Kurzgefaßter Lebenslauf«, 1921-1924

*

Unsere Lehrer forderten Tugenden von uns, die sie selber nicht hatten, und so war wohl auch die Weltgeschichte, die sie uns vorsetzten, so ein Schwindel der

Erwachsenen, um uns herabzusetzen und kleinzuma-
chen.   *Aus »Weltgeschichte«, 1918*

*

Dies war einer der Nachteile der Schule und der Gelehr-
samkeit: alles so zu sehen und darzustellen, als ob es
flach wäre und nur zwei Dimensionen hätte.
                    Aus »Narziß und Goldmund«, 1927-1929

*

Der Vernünftige rationalisiert die Welt und tut ihr
Gewalt an. Er neigt stets zu grimmigem Ernst. Er ist
Erzieher.   *Aus »Ein Stückchen Theologie«, 1932*

*

Ob du nun Lehrer, Gelehrter oder Musikant wirst, habe
die Ehrfurcht vor dem »Sinn«, aber halte ihn nicht für
lehrbar. Mit dem Lehrenwollen des »Sinnes« haben die
Geschichtsphilosophen die halbe Weltgeschichte ver-
dorben.   *Aus »Das Glasperlenspiel«, 1931-1942*

*

Das Wichtige ist nicht die Bildung des Lehrers, so wie
die Gescheitheit und die Beschäftigung mit Pädagogik
einen Vater nicht zum Erzieher fähig macht, wenn er
nicht als Mensch, als Vorbild, das Überzeugende hat,
dem ein Kind mehr glaubt als Worten.
                Aus einem Brief vom August 1947 an Hans Klenk

Die Wahrheit wird gelebt, nicht doziert.

Aus »Das Glasperlenspiel«, 1931-1942

*

Es werden auch in der Erziehung Freiheit und Humor nicht schaden, solange man das Gefühl der Überlegenheit und namentlich das Vertrauen der Kinder noch hat.

Aus einem Brief vom 16.11.1910
an seinen Vater Johannes Hesse

*

»Ein hartes Wort«, so heißt es einmal bei Mencius, »verwundet wie sechs Monate Kälte. Ein gütiges Wort hat Wärme genug für drei Winter.« Jedes Wort und jedes Tun von Menschen hat seine Wirkung. Aber die Macht der harten Worte, die Wirkung alles bloß Negativen ist doch verschwindend gering gegenüber der Wirkung der Milde, der Freundschaft, der Liebe, der Gütigkeit, gegenüber der Kraft der Bejahung. »Ein wahrer Freund«, sagt Marie von Ebner-Eschenbach, »trägt mehr zu unserm Glücke bei als tausend Feinde zu unserm Unglück.«

Notizen aus Sils Maria, 1958

*

Wie Yin und Yang das Gewebe des Lebens bestimmen, so bestimmt der Wechsel von Nehmen und Geben das Verhältnis zwischen Lehrer und Schüler, zwischen dem scheinbar Weisen und dem scheinbar Törichten.

Aus einem Brief vom Mai 1954 an Erik Hornung

Im Grunde lautet die brennende Frage ja so: Sollen wir der Jugend möglichst viel Tradition, Halt und Norm mitgeben, oder sollen wir sie möglichst frei lassen, möglichst zu Elastizität und Anpassungsfähigkeit erziehen. Da die Welt, in die diese Jugend hineinwächst, keine moralische und seelische Ordnung mehr hat, helfen wir im ersten Fall der Jugend zwar, anständig zu bleiben und im Notfall anständig unterzugehen, berauben sie aber der Möglichkeit, in dieser amoralischen, rein dynamischen Welt mitzutun und Erfolg zu haben.

Theoretisch also wäre die Erziehung zu Norm und Orthodoxie das einzig Erlaubte. Wieweit wir die Bindungen trotzdem lockern wollen, muß allein unsere Liebe entscheiden. Wir dürfen es nur vorsichtig tun, und auch im besten Fall können wir nicht verhüten, daß die Jugend allzu früh vor moralische Entscheidungen gestellt und der Kindheit beraubt wird.

Aus einem Brief vom Juni 1952 an Eva Kamanitzki

*

Es gibt eine sehr begabte Art von Schülern, welche trotz ihrer Begabung zu allen Zeiten den Lehrern unangenehm und lästig ist, weil bei ihnen das Talent nicht eine von unten und innen her gewachsene und begründete organische Stärke ist, das zarte adelnde Stigma einer guten Natur, eines tüchtigen Blutes und eines tüchtigen Charakters, sondern gleichsam etwas Angeflogenes, Zufälliges, ja Usurpiertes oder Gestohlenes. Ein Schüler von geringem Charakter, aber hohem Verstand oder glänzender Phantasie bringt unweigerlich den Lehrer in

Verlegenheit: er soll diesem Schüler das Ererbte an Wissen und Methode beibringen und ihn zur Mitarbeit am geistigen Leben fähig machen – und muß doch fühlen, daß seine eigentliche, höhere Pflicht es wäre, die Wissenschaften und Künste gerade vor dem Zudrang der Nurbegabten zu schützen … Jede Förderung eines Schülers, der zwar zu glänzen, aber nicht zu dienen fähig ist, bedeutet im Grunde eine Art von Verrat am Geist. Wir kennen in der Geschichte mancher Völker Perioden, in welchen, bei tiefgehender Störung der geistigen Ordnungen, geradezu ein Ansturm der Nurbegabten auf die Leitung der Gemeinden, der Schulen und Akademien, der Staaten stattgefunden hat und in allen Ämtern hochtalentierte Leute saßen, welche alle regieren wollten, ohne dienen zu können. Diese Art von Talenten rechtzeitig zu erkennen, noch ehe sie sich der Fundamente eines geistigen Berufes bemächtigt haben, und sie mit der notwendigen Härte auf die Wege zu ungeistigen Berufen zurückzuschicken, ist oft sehr schwer.

Aus »Das Glasperlenspiel«, 1931-1942

*

Lehrer brauchen wir nötiger als alles andre, Männer, die der Jugend die Fähigkeit des Messens und Urteilens beibringen und ihr Vorbilder sind in der Ehrfurcht vor der Wahrheit, im Gehorsam gegen den Geist, im Dienst am Wort. *Aus »Das Glasperlenspiel«, 1931-1942*

*

Erziehung hat mich nie interessiert, dagegen Selbsterziehung immer. Aus Anlage und dem, was das Leben uns in die Hand gibt, sein Schicksal zu schmieden – aus individueller Herkunft und überpersönlichem Ziel die Spannung zum Streben nehmen – das Höchste an Menschenbild als Ideal in sich tragen und doch den Alltag und Zufall mit Phantasie und Humor nehmen – das etwa würde ich heute als Inhalt meiner »Erziehungs«versuche nennen.

Aus einer Postkarte vom März 1928 an Walter Schurig

*

Vom Erziehen habe ich niemals sehr viel gehalten, das heißt ich habe stets starke Zweifel daran gehabt, ob der Mensch durch Erziehung überhaupt irgendwie geändert, gebessert werden könne. Statt dessen hatte ich ein gewisses Vertrauen zu der sanften Überzeugungskraft des Schönen, der Kunst, der Dichtung, ich selbst war in meiner Jugend durch sie mehr gebildet und auf die geistige Welt neugierig gemacht worden als durch alle offiziellen oder privaten »Erziehungen«.

*Aus einem Brief von 1950 an den Verfasser
einer Broschüre über Hesse*

*

Ob Belehren etwas helfen kann, weiß ich nicht. Ich habe es tausendmal versucht und glaube heute, daß jeder harmlose kleine Vers eines Gedichtes mehr »nützt« als alle Belehrungsversuche. Ein Takt echter Musik wiegt alle Bücher auf. *Aus einem Brief, 1949 an Georg Werner*

Meine Forderung an die Zukunft ist nicht Gleichschaltung der Geistigen mit den erfolgreichen Verdienern: der Geistige soll keineswegs an den Tischen der Reichen sitzen und am Luxus teilhaben, er soll mehr oder weniger Asket sein – aber er soll dafür nicht auch noch verlacht, sondern geachtet sein, und das Minimum an Materiellem soll ihm von selber zustehen, so etwa wie in den Zeiten klösterlicher Kultur der Ordensbruder, ohne persönliche Habe besitzen zu dürfen, doch leben konnte und im Maß seiner Leistung Anteil hatte am Ruhm und der Autorität seines Ordens. Eine eigentliche Aristokratie darf nicht die Ordnung des geistigen Lebens sein; Aristokratie beruht auf Erblichkeit und der Geist ist nicht physisch vererbbar. Statt dessen stellt jede gute Ordnung des geistigen Lebens eine Oligarchie der Geistigsten dar, mit Offenhaltung aller Bildungsmittel für jeden Begabten.

Aus einem Brief vom 12. 1. 1935 an Arthur Stoll

*

Urteile sind nur wertvoll, wenn sie bejahen. Jedes verneinende, tadelnde Urteil, wenn es als Beobachtung noch so richtig ist, wird falsch, sobald man es äußert. Was Menschen übereinander reden, davon sind zwei Drittel solche »Urteile«. Wenn ich von einem Menschen sage, er sei mir zuwider, so ist das eine ehrliche Aussage. Wer sie hört, dem ist es anheimgegeben, ob er die Schuld an diesem Zuwidersein mir oder dem andern zuschreiben will. Sage ich aber von jemand, er sei eitel, oder geizig, oder er trinke, so tue ich unrecht. Auf diese Art ließe jeder Mensch sich rasch durch Urteile »erledigen«. Für

diese Art von Urteil ist Jean Paul ein Biertrinker ... und Hölderlin ein Verrückter gewesen. Ist damit etwas über sie gesagt, etwas von ihnen gegeben? Ebensogut kann einer sagen: Die Erde ist ein Planet, auf dem es Flöhe gibt. Diese Art von »Wahrheiten« ist der Inbegriff aller Fälschung und Lüge. Wirklich wahr sind wir nur, wo wir ja sagen und anerkennen. Das Feststellen von »Fehlern«, und klinge es noch so fein und geistig, ist nicht Urteil, sondern Klatsch. *Aus »Gedanken«, 1918*

*

Echte Bildung ist nicht Bildung zu irgendeinem Zwecke, sondern sie hat, wie jedes Streben nach dem Vollkommenen, ihren Sinn in sich selbst. So wie das Streben nach körperlicher Kraft, Gewandtheit und Schönheit nicht irgendeinen Endzweck hat, etwa den, uns reich, berühmt und mächtig zu machen, sondern seinen Lohn in sich selbst trägt, indem es unser Lebensgefühl und unser Selbstvertrauen steigert, indem es uns froher und glücklicher macht und uns ein höheres Gefühl von Sicherheit und Gesundheit gibt, ebenso ist auch das Streben nach »Bildung«, das heißt nach geistiger und seelischer Vervollkommnung, nicht ein mühsamer Weg zu irgendwelchen begrenzten Zielen, sondern ein beglückendes und stärkendes Erweitern unsres Bewußtseins, eine Bereicherung unsrer Lebens- und Glücksmöglichkeiten. Darum ist echte Bildung, ebenso wie echte Körperkultur, Erfüllung und Antrieb zugleich, ist überall am Ziel und bleibt doch nirgends rasten, ist ein Unterwegssein im Unendlichen, ein Mitschwingen im Universum, ein Mitleben

im Zeitlosen. Ihr Ziel ist nicht Steigerung einzelner Fähigkeiten und Leistungen, sondern sie hilft uns, unsrem Leben einen Sinn zu geben, die Vergangenheit zu deuten, der Zukunft in furchtloser Bereitschaft offenzustehen. *Aus »Eine Bibliothek der Weltliteratur«, 1927*

*

Wissen hat keinen ärgeren Feind als das Wissenwollen, als das Lernen. *Aus »Siddhartha«, 1919-1922*

*

Es gibt Leser, welche zeitlebens mit einem Dutzend Bücher auskommen und dennoch echte Leser sind. Und es gibt andre, die alles geschluckt haben und über alles mitzureden wissen, und doch war all ihre Mühe vergebens. Denn Bildung setzt etwas zu Bildendes voraus: einen Charakter nämlich, eine Persönlichkeit. Wo die nicht vorhanden ist, wo sich Bildung ohne Substanz gewissermaßen im Leeren vollzieht, da kann wohl Wissen entstehen, nicht aber Liebe und Leben. Lesen ohne Liebe, Wissen ohne Ehrfurcht, Bildung ohne Herz ist eine der schlimmsten Sünden gegen den Geist. *Aus »Eine Bibliothek der Weltliteratur«, 1927*

*

Der Gebildete kennt und hat Prinzipien. Er achtet eine Menge von Dingen, die ihn im Grund wenig anziehen, und verzichtet auf andere, nach denen es ihn hinzöge,

wenn eben die Bildung nicht Hemmung geschaffen
hätte.

Aus der Rezension »Phantastische Bücher«, September 1919

*

Wir wollen uns nicht darüber beklagen, daß das Be-
schreiten der einfachsten Wege zur Weisheit an unseren
Hochschulen nicht gelehrt wird, ja daß dort statt des
Erstaunens vielmehr das Gegenteil gelehrt wird: das
Zählen und Messen statt des Entzückens, die Nüchtern-
heit statt der Bezauberung, das starre Festhalten am los-
getrennten Einzelnen statt des Angezogenseins vom Ganzen und Einen. Diese Hochschulen sind ja nicht Schulen
der Weisheit, sie sind Schulen des Wissens; aber still-
schweigend setzen sie das von ihnen nicht Lehrbare, das
Erlebenkönnen, das Ergriffenseinkönnen, das Goethe-
sche Erstaunen eben doch voraus, und ihre besten Geister kennen kein edleres Ziel, als wieder Stufe zu eben
solchen Erscheinungen wie Goethe und andere echte
Weise zu sein.   *Aus » Über Schmetterlinge«, 1935*

*

Besonders interessiert mich das, was du über Kunst und
Bildung usw. schreibst. Sowohl in den Vorlesungen von
Kandinsky wie bei manchen deiner Kameraden wirst du
häufig eine gewisse geistige Gerissenheit finden, die für
alles sofort einen frappierenden Ausdruck findet und alle
menschlichen und kulturellen Probleme spielend erklärt.
Da wirst du manchmal das Gefühl haben, nicht »gebil-

det« genug zu sein, aber es geht dir da nichts Wichtiges verloren. Das rasche und hübsche Klugreden über alles ist sehr oft gar nicht wirklich Bildung, und es steht gar nicht so viel wirkliches Wissen dahinter, wie es scheint, das meiste davon ist eine Art von Gesellschaftsspiel oder Geistes-Sport, und man lebt ohne das ebensogut oder besser. Und das, was an wirklicher Bildung, an Belesenheit, an Kenntnis der Geschichte usw. dir fehlt, das kannst du ganz ohne Eile nach und nach einholen, und brauchst dabei immer nur über solche Gegenstände zu lesen und nachzudenken, die dich wirklich ernstlich interessieren.

Ich bin in meiner eigenen Jugend, obgleich ich sehr viel gelesen hatte, sehr oft mit der gleichen Verlegenheit den Leuten gegenübergestanden, die über Maler, Musik, Philosophie so schneidig und gescheit reden konnten, und habe erst ganz allmählich entdeckt, daß dieses Bildungsspiel nicht so ernstgenommen zu werden braucht. Ich habe es auch mit Wissen und mit Absicht vermieden, in eurer Gegenwart solche Gespräche zu führen, obgleich ich selber ihnen bei vielen Bekanntschaften nicht immer entrinnen kann.

Wenn irgend jemand, den ich nicht genau kenne, mir über so allgemeine Probleme verblüffende Reden hält, dann höre ich zu und warte ab, ob nachher etwas davon in mir weiterwirkt, meistens ist das nicht der Fall. Wenn aber ein Mensch von dem spricht, was er wirklich liebt und weiß und genau kennt, ein Bauer vom Vieh, oder ein Handwerker von seiner Arbeit, oder ein Künstler von seiner persönlichen Arbeits- und Lebensweise, dann höre ich immer gern und meistens mit Nutzen zu.

Aus einem Brief vom Mai 1932 an seinen Sohn Martin

Der Gebildete ist ja nur gebildeter, keineswegs aber gescheiter als das Volk.

Aus einem Brief vom Februar 1950 an P. H. Barden

*

Der Kampf um die Bildung ist der Kampf Don Quijotes mit den Windmühlen. Ein scheinbar vergeblicher Kampf – aber dennoch hat Don Quijote jene Windmühlen um Jahrhunderte überlebt. So wird es auch immer wieder Sinn haben, für das scheinbar überlebte Edlere einzutreten.

Aus einem Brief vom April 1952 an Adolf Galliker

*

Zweierlei Aufgaben hat jede Geistigkeit und Kultur: den Vielen Sicherheit und Antrieb zu geben, sie zu trösten, ihrem Leben einen Sinn zu unterlegen – und dann die zweite, geheimnisvollere, nicht minder wichtige Aufgabe: den Wenigen, den großen Geistern von morgen und übermorgen das Aufwachsen zu ermöglichen, ihren Anfängen Schutz und Pflege zu leihen, ihnen Luft zum Atmen zu geben.

Aus »Moderne Versuche zu neuen Sinngebungen«, 1926

*

Die jungen Leute finden in meinen Schriften eine Stärkung des Individuellen, während die Lehrer gerade das Gegenteil anstreben, möglichste Normalität und Unifor-

mierung der jungen Seelen, was ganz in Ordnung und begreiflich ist. Daß beide Funktionen, meine zum Individualismus verführende und die normalisierende der Schule, notwendig sind und einander ergänzen müssen, daß sie zusammengehören wie Ein- und Ausatmen und wie alle bipolaren Vorgänge, dies einzusehen und sich mit dem Gegner in Liebe eins zu wissen, auch wo man ihm Widerstand leisten muß, dazu gehört ein wenig Weisheit und ein wenig Ehrfurcht und Frömmigkeit, und das sind Eigenschaften, die man heute beim Lehrer so wenig voraussetzen darf wie bei anderen Leuten. Die Welt ist, vielleicht noch auf lange Zeit in den Händen der grands simplificateurs, und eine Erholung davon wird vermutlich erst nach einer Katastrophe möglich sein, von der wir seit 1914 erst die Anfänge gesehen haben.

Aus einem Brief vom 26.4.1948 an Ernst Kappeler

Auf den Einzelnen kommt es an

Das Leben ist sinnlos, grausam, dumm und dennoch prachtvoll – es macht sich nicht über den Menschen lustig (denn dazu gehört Geist), aber es kümmert sich um den Menschen nicht mehr als um den Regenwurm. Daß ausgerechnet der Mensch eine Laune und ein grausames Spiel der Natur sei, ist ein Irrtum, den der Mensch sich erfindet, weil er sich zu wichtig nimmt. Wir müssen erst sehen, daß wir Menschen es keineswegs schwerer haben als jeder Vogel und jede Ameise, sondern eher leichter und schöner. Wir müssen die Grausamkeit des Lebens und die Unentrinnbarkeit des Todes erst in uns aufnehmen, nicht durch Jammern, sondern durch Auskosten dieser Verzweiflung. Erst dann, wenn man die ganze Scheußlichkeit oder Sinnlosigkeit der Natur in sich aufgenommen hat, kann man beginnen, sich dieser rohen Sinnlosigkeit gegenüber zu stellen und sie zu einem Sinn zu zwingen. Es ist das Höchste, wozu der Mensch fähig ist, und es ist das einzige, wozu er fähig ist. Alles andere macht das Vieh besser. Für die meisten ist die Sinnlosigkeit gar kein Leid, so wenig für den Regenwurm. Aber eben die Wenigen, die vom Leid ergriffen werden und nach dem Sinn zu suchen beginnen, machen den Sinn der Menschheit aus.

Aus einem Brief, 1931 an Hilde Saenger

*

Gestutzte Eiche

Wie haben sie dich, Baum, verschnitten,
Wie stehst du fremd und sonderbar!
Wie hast du hundertmal gelitten,
Bis nichts in dir als Trotz und Wille war!
Ich bin wie du, mit dem verschnittnen,
Gequälten Leben brach ich nicht
Und tauche täglich aus durchlittnen
Roheiten neu die Stirn ins Licht.
Was in mir weich und zart gewesen,
Hat mir die Welt zu Tod gehöhnt,
Doch unzerstörbar ist mein Wesen,
Ich bin zufrieden, bin versöhnt,
Geduldig neue Blätter treib ich
Aus Ästen hundertmal zerspellt,
Und allem Weh zu Trotze bleib ich
Verliebt in die verrückte Welt.

1919

*

Der Mensch ist ja keine feste und dauernde Gestaltung
(dies war, trotz entgegengesetzter Ahnungen ihrer Weisen, das Ideal der Antike), er ist vielmehr ein Versuch
und Übergang, er ist nichts andres als die schmale,
gefährliche Brücke zwischen Natur und Geist. Nach
dem Geiste hin, zu Gott hin treibt ihn die innerste
Bestimmung – nach der Natur, zur Mutter zurück zieht
ihn die innigste Sehnsucht: zwischen beiden Mächten
schwankt angstvoll bebend sein Leben.

Aus »Der Steppenwolf«, 1925-1927

Der Mensch ist nichts Festes, Gewordenes und Fertiges, nichts Einmaliges und Eindeutiges, sondern etwas Werdendes, ein Versuch, eine Ahnung und Zukunft, Wurf und Sehnsucht der Natur nach neuen Formen und Möglichkeiten. *Aus »Krieg und Frieden«, 1918*

*

Oft sehen wir große, begnadete Menschen an Widerständen zugrunde gehen, mit welchen der Kleine spielend fertig wird, und der gesunde Durchschnittsverstand hat es leicht, die Begnadeten als Psychopathen zu erklären ... Gewiß sind sie unter anderm auch Psychopathen. Aber weit darüber hinaus sind sie Helden, sind ehrwürdige und gefährliche Versuche des Menschentums, sich zu veredeln, und ihr Schicksal steht in der heldischen, in der tragischen Atmosphäre, auch wenn ein solcher Held zufällig nicht auf erschreckende Weise endet.
Aus dem Essay »Über Hölderlin«, Oktober 1924

*

Nach meiner Meinung darf der Weg ... nicht eine »Rückkehr zur Natur« sein, sondern ein immer feineres Anpassen ans Kulturelle; so ziemt es mir eigentlich nicht, in die Wälder zu fliehen, so sehr das der Romantiker in mir wünschen mag.
Aus einem Brief vom Juni 1914 an Ernst Schiller

*

Mit dem »Zurück zur Natur« geht der Mensch stets einen leidvollen und hoffnungslosen Irrweg.

Aus »Der Steppenwolf«, 1925-1927

*

Wir kommen voll Sehnsucht nach dem Süden und Osten, von dunkler, dankbarer Heimatahnung getrieben, und finden hier das Paradies, die Fülle und reiche Üppigkeit aller natürlichen Gaben, wir finden die schlichten, einfachen, kindlichen Menschen des Paradieses. Aber wir selbst sind anders, wir sind hier fremd und ohne Bürgerrecht, wir haben längst das Paradies verloren, und das neue, das wir haben und bauen wollen, ist nicht am Äquator und an den warmen Meeren des Ostens zu finden, das liegt in uns und in unsrer eigenen nordländischen Zukunft. *Aus »Pedrotallagalla«, 1911*

*

Ihre theoretische Frage, ob ein Menschenleben mehr wert sei als die Matthäuspassion, ist Spielerei, und die Antwort, zu der Sie neigen, ist gefährlich. Der Mensch ohne Geist, ohne Geschichte, ohne Kunst ist weniger wünschenswert als jedes Tier, und wenn das nackte Leben mehr wert sein soll als die Geschichte und Kunst, dann sind wir bei »Blut und Boden«, einer Gesinnung, von der wir ja wissen, daß sie vor dem Menschenleben und seiner Erhaltung nicht den mindesten Respekt hat. Der einzelne Mensch ist nicht an sich ein hoher Wert, sondern als Möglichkeit, als Weg zum Geist hin.

Aus einem Brief vom 17.11.1956 an Herbert Schulz

Jedem von uns ist ein Erbe mitgegeben, er hat von Vater- und Mutterseite, von vielen Ahnen her gewisse Eigenschaften, gute und böse, angenehme und schwierige geerbt, Talente und Mängel, und all dies zusammen ist Er, und das Einmalige hat er zu verwalten und zu Ende zu leben, reif werden zu lassen, und schließlich mehr oder weniger vollkommen zurückzugeben.

Aus »An einen jungen Künstler«, 1949

*

Es gibt für uns keinen andern Weg der Entfaltung und Erfüllung als den der möglichst vollkommenen Darstellung des eigenen Wesens nach dem Gebot: »Sei Du Selbst«.

Daß dieser Weg durch viele moralische und andre Hindernisse erschwert wird, daß die Welt uns lieber angepaßt und gehorsam sieht als eigensinnig, daraus entsteht für jeden mehr als durchschnittlich individualisierten Menschen der Lebenskampf. Da muß jeder für sich allein, nach seinen eigenen Kräften und Bedürfnissen, entscheiden, wieweit er sich der Konvention unterwerfen oder ihr trotzen will. Wo er die Konvention, die Forderungen von Familie, Staat und Gemeinschaft in den Wind schlägt, muß er es tun mit dem Wissen darum, daß es auf seine eigene Gefahr geschieht. Wieviel Gefahr einer auf sich zu nehmen fähig ist, dafür gibt es keinen objektiven Maßstab. Man muß jedes Zuviel, jedes Überschreiten des eigenen Maßes büßen, man darf ungestraft weder im Eigensinn, noch im Anpassen zu weit gehen.

Aus einem Brief vom 10. 2. 1956 an Madeleine Anker

Tugend ist: Gehorsam. Die Frage ist nur, *wem* man gehorche. Nämlich auch der Eigensinn ist Gehorsam. Aber alle andern, so sehr beliebten und gelobten Tugenden sind Gehorsam gegen Gesetze, welche von Menschen gegeben sind. Einzig der Eigensinn ist es, der nach diesen Gesetzen nicht fragt. Wer eigensinnig ist, gehorcht einem anderen Gesetz, einem einzigen, unbedingt heiligen, dem Gesetz in sich selbst, dem »Sinn« des »Eigenen«.

Aus »Eigensinn«, 1917

*

Der werdende junge Mensch, wenn er den Drang zur Individualisierung hat, wenn er vom Durchschnitts- und Allerweltstyp stark abweicht, kommt notwendig in Lagen, die den Anschein des Verrückten haben ... Es gilt nun nicht, seine »Verrücktheiten« der Welt aufzuzwingen und die Welt zu revolutionieren, sondern es gilt, sich für die Ideale und Träume der eigenen Seele gegen die Welt so viel zu wehren, daß sie nicht verdorren.

Aus einem Brief vom Februar 1929
an Marie-Louise Dumont

*

So hübsch auch die Anpassung an den Geist der Zeit und die Umwelt sei, die Freuden der Aufrichtigkeit sind größer und haltbarer.

Aus »Reisebrief«, November 1925

*

Die Tat – die ward noch niemals getan von einem, der zuvor gefragt hat, »was soll ich tun?«.

Aus »Zarathustras Wiederkehr«, 1919

*

Wer in Torheit und Unwissenheit Arges tut, der sündigt vielleicht weniger, als wer das Gute weiß und es nicht tut.

Aus »Berthold«, um 1907

*

Die Völker sind alle gleich dumm, es ist kein Unterschied. Es kommt auf den Einzelnen an, nicht auf das System, ob das Rechte oder das Dumme und Schlechte geschehe.

*Aus einem Brief vom Februar 1947
an Johanna Attenhofer*

*

Der Mensch hat auf der Erde das Regiment erobert, und er ist kein guter Regent. Aber die Erwachten und Gutgesinnten müssen dennoch das Ihre tun, nicht mit Lehren und Predigten, sondern indem jeder in seinem Kreise sinnvoll zu leben sucht.

Aus einer Postkarte vom 11. 12. 1959 an Otto Hartmann

*

Wenn man etwas für recht hält, muß man es auch tun.

Aus »Knulp«, 1907/14

Das Fundament einer kommenden Ordnung wird genauso groß sein wie die Opfer, die wir *heute* bringen.

Aus einem Brief vom Februar 1936 an Victor Wittkowski

*

Es gibt keine Norm für das Leben, es stellt jedem eine andre, einmalige Aufgabe, und so gibt es auch nicht eine angeborene und vorbestimmte Untauglichkeit zum Leben, sondern es kann der Schwächste und Ärmste an seiner Stelle ein würdiges und echtes Leben führen und andern etwas sein, einfach dadurch, daß er seinen nicht selbstgewählten Platz im Leben und seine besondere Aufgabe annimmt und zu verwirklichen sucht. Das ist echtes Menschentum und strahlt immer etwas Edles und Heilendes aus, auch wenn der Träger dieser Aufgabe in den Augen aller ein armer Teufel ist, mit dem man nicht tauschen möchte.

Aus einem Brief um 1941 an einen Leser in Cannstatt

*

Suchen Sie mit allen Kräften eine Ihnen gemäße Lebensform, auch wenn Sie alle »Pflichten« dafür versäumen. Die Pflichten beziehen einen großen Teil ihrer Heiligkeit, wenn nicht die ganze, aus einem Mangel an Mut im Kampf um ein Privatleben.

Aus einem Brief, 1947 an Luise Rinser

*

Es ist der Beginn jedes Niedergangs: Das Ernstnehmen der großen Dinge und das Nichternstnehmen der kleinen für selbstverständlich zu halten. Daß man die Menschheit hochachtet, seine Dienstboten aber plagt – daß man Vaterland oder Kirche oder Partei heilighält, seine Tagesarbeit aber schlecht und schluderig macht, damit fängt jede Korruption an. Es gibt gegen sie nur ein Erziehungsmittel: daß man bei sich selbst wie bei den andern alle die sogenannt ernsten und heiligen Dinge wie Gesinnung, Weltanschauung, Patriotismus vorerst ganz beiseite läßt, dagegen allen Ernst dem Kleinen und Kleinsten, dem Dienst des Augenblicks zuwendet. Wer sein Fahrrad oder seinen Gasherd vom Mechaniker reparieren läßt, der verlangt vom Mechaniker weder Liebe zur Menschheit noch den Glauben an Deutschlands Größe, sondern anständige Arbeit.

Aus »Beim Lesen eines Romans«, 1932

*

Ich glaube, daß ich für die Sinnhaftigkeit oder Sinnlosigkeit des Lebens nicht verantwortlich bin, daß ich aber dafür verantwortlich bin, was ich selber mit meinem eigenen, einmaligen Leben anfange.

Aus einem Brief vom 15.7.1930 an Frl. G. D.

*

Ja, sagen Sie ja zu sich, zu Ihrer Absonderung, Ihren Gefühlen, Ihrem Schicksal! Es gibt keinen andern Weg. Wohin er führt, weiß ich nicht, aber er führt ins Leben, in

die Wirklichkeit, ins Brennende und Notwendige. Sie können ihn unerträglich finden und sich das Leben nehmen, das steht jedem offen, der Gedanke daran tut oft wohl, auch mir. Aber ihm entgehen, durch Entschluß, durch Verrat am eigenen Schicksal und Sinn, durch Anschluß an die »Normalen«, das können Sie nicht. Es würde nicht lang gelingen und größere Verzweiflung bringen als die jetzige.

Aus einem Brief vom Oktober 1932
an einen jungen Problematiker

*

Wir sind im täglichen Leben gewohnt, einseitig zu leben, zu arbeiten und zu denken; aber vor der Natur sind wir frei und ganz, dürfen alle Sinne und alle Seelenkräfte spielen und arbeiten lassen, gleichzeitig und gleichberechtigt. Keiner kann es in jeder beliebigen Stunde, jeder hat Ketten nachzuschleppen; aber je öfter und intensiver wir uns, von allen Zwecken befreit, dem Weltganzen verwandt fühlen, desto lockerer werden die Ketten und desto mehr geben uns Sonne und Sterne, Wald, Meer und Gebirge, Sturm und Frost, Vogel und Wild von ihrem Leben, desto kleiner wird der Kreis der Dinge, zu welchen wir ohne Beziehungen sind.

Aus »Vom Naturgenuß«, 1908

*

Wertvolle Begabungen sind vielseitig.

Aus einem Notizbuch von 1907-1914, Januar 1908

Wir sollen nicht suchen, sondern finden, nicht urteilen, sondern schauen und begreifen, einatmen und das Aufgenommene verarbeiten. Wir sollen unser eigenes Wesen dem Ganzen verwandt und eingeordnet fühlen. Erst dann haben wir wirkliche Beziehungen zur Natur.

Aus »Vom Naturgenuß«, 1908

*

Heute ist jeder Mensch, der den lärmig-protzigen Jahrmarktsbetrieb dieser Zeit ablehnt und das Bedürfnis nach einem persönlichen und beseelten Leben in sich hat, auf eine besondere und unheimliche Weise vereinsamt. *Aus einem Brief vom April 1938 an Erna Klärner*

*

Im Nebel

Seltsam, im Nebel zu wandern!
Einsam ist jeder Busch und Stein,
Kein Baum sieht den andern,
Jeder ist allein.

Voll von Freunden war mir die Welt,
Als noch mein Leben licht war;
Nun, da der Nebel fällt,
Ist keiner mehr sichtbar.

Wahrlich, keiner ist weise,
Der nicht das Dunkel kennt,

Das unentrinnbar und leise
Von allen ihn trennt.

Seltsam, im Nebel zu wandern!
Leben ist Einsamsein.
Kein Mensch kennt den andern,
Jeder ist allein.

1905

*

Einsamkeit ist der Weg, auf dem das Schicksal den Menschen zu sich selber führen will.

Aus »Zarathustras Wiederkehr«, 1919

*

Allein

Es führen über die Erde
Straßen und Wege viel,
Aber alle haben
Dasselbe Ziel.

Du kannst reiten und fahren
Zu zwein und zu drein,
Den letzten Schritt mußt du
Gehen allein.

Drum ist kein Wissen
Noch Können so gut,

Als daß man alles Schwere
Alleine tut.

1906

*

Ihr sollt verlernen, andere zu sein, fremde Stimmen nachzuahmen und fremde Gesichter für die euern zu halten.   *Aus »Zarathustras Wiederkehr«, 1919*

*

Der Mensch, der Charakter hat, offenbart diesen am deutlichsten und reinsten, wenn er, seinem gewohnten Lebenskreis entrückt, sich vor etwas Neues gestellt findet.   *Aus der Rezension »Die Bilderbücher von Ernst Kreidolf«, 1908*

*

Immer wieder klammert man sich an das Liebgewonnene und meint, es sei Treue, es ist aber bloß Trägheit.   *Aus »Das Haus der Träume«, 1914*

*

Abschied nehmen ist ein bittres Kraut,
Wächst an jedem Fleck, den ich geliebt;
Keine Stätte, die ich mir gebaut,
Heimat wird und Heimatfrieden gibt.

In mir selber muß die Heimat sein,
Jede andre welkt so schnell hinab,
Jede ließ mich gar so bald allein,
Der ich alle meine Liebe gab.

Tief im Wesen trag ich einen Keim,
Der wird stille größer, Tag für Tag:
Wenn er reif ist, bin ich ganz daheim,
Und es ruht der ewige Pendelschlag.

Aus dem Gedicht »Abschied«, 1920

*

Kein erreichtes Ziel war ein Ziel, jeder Weg war ein Umweg, jede Rast gebar neue Sehnsucht.

Aus »Wanderung«, 1918/19

*

Mein Leben, so etwa nahm ich mir vor, sollte ein Transzendieren sein, ein Fortschreiten von Stufe zu Stufe, es sollte ein Raum um den andern durchschritten und zurückgelassen werden, so wie eine Musik Thema um Thema, Tempo um Tempo erledigt, abspielt, vollendet und hinter sich läßt, nie müde, nie schlafend, stets wach, stets vollkommen gegenwärtig. Im Zusammenhang mit den Erlebnissen des Erwachens hatte ich gemerkt, daß es solche Stufen und Räume gibt und daß jeweils die letzte Zeit eines Lebensabschnittes eine Tönung von Welke und Sterbenwollen in sich trägt, welche dann zum Hinüberwechseln in einen neuen Raum, zum Erwachen, zu neuem Anfang führt. *Aus »Das Glasperlenspiel«, 1931-1942*

Stufen

Wie jede Blüte welkt und jede Jugend
Dem Alter weicht, blüht jede Lebensstufe,
Blüht jede Weisheit auch und jede Tugend
Zu ihrer Zeit und darf nicht ewig dauern.
Es muß das Herz bei jedem Lebensrufe
Bereit zum Abschied sein und Neubeginne,
Um sich in Tapferkeit und ohne Trauern
In andre, neue Bindungen zu geben.
Und jedem Anfang wohnt ein Zauber inne,
Der uns beschützt und der uns hilft, zu leben.

Wir sollen heiter Raum um Raum durchschreiten,
An keinem wie an einer Heimat hängen,
Der Weltgeist will nicht fesseln uns und engen,
Er will uns Stuf um Stufe heben, weiten.
Kaum sind wir heimisch einem Lebenskreise
Und traulich eingewohnt, so droht Erschlaffen,
Nur wer bereit zu Aufbruch ist und Reise,
Mag lähmender Gewöhnung sich entraffen.
Es wird vielleicht auch noch die Todesstunde
Uns neuen Räumen jung entgegensenden,
Des Lebens Ruf an uns wird niemals enden …
Wohlan denn, Herz, nimm Abschied und gesunde!

1941

*

Geben Sie dem Heute, dem Tag, der Stunde, dem Augenblick recht!

Aus einem Brief vom 6. 8. 1960 an Madlon Böhmer

Wenn wir uns heute, den heutigen Nöten und Forderungen gegenüber, einigermaßen menschlich und anständig halten, wird auch die Zukunft menschlich sein können.

Aus »Statt eines Briefes«, 1946

*

Ich habe während des Krieges zum erstenmal die Welt außer mir genauer betrachtet und mit Erstaunen gefunden, daß in der Welt die allermeisten Menschen nicht das tun, wozu sie Anlage und Natur treibt, sondern stets etwas andres, oft das Gegenteil. Der Staat besonders verwendet seine Leute auf die wunderlichste Art. Die Dichter wurden zum Schießen, die Professoren zum Erdegraben, die Handelsjuden zu vaterländischen Geschäften, Juristen zu Pressediensten verwendet. Der Staat, wenigstens der unsre, ist gewohnt, daß die Talentlosen sich in seinen Dienst drängen und daß er über sie beliebig verfügen kann.

Das einzige, worin ich mich von der Masse und von denen, die ich Dilettanten und Streber nenne, unterscheide, ist, daß ich weiß, zu welcherlei Arbeit und Dienst mein Gehirn und meine Vorgeschichte mich bestimmen und daß ich diese Arbeit so konzentriert wie möglich zu tun suche. Wenn ich nun weglaufe und allen diesen Rufen folge, die jeden Tag ergehen, so verliere ich mich unter die Dilettanten, werde ein Mensch, der etwas tut, was er nicht kann, und lasse das liegen, wozu die innere Stimme mich ruft.

Aus einem Brief vom 11.3.1919 an Johann Wilhelm Muehlon

Wir müssen nicht hinten beginnen bei den Regierungs-
formen und politischen Methoden, sondern wir müssen
vorn anfangen beim Bau der Persönlichkeit, wenn wir
wieder Geister und Männer haben wollen, die uns Zukunft verbürgen. *Aus »Zarathustras Wiederkehr«, 1919*

*

Die Welt wird nicht rascher fortschreiten, wenn ihr
Dichter zu Volksrednern, Philosophen zu Ministern
macht. Sie wird fortschreiten überall da, wo ein Mensch
das tut, wozu er da ist, was seine Art von ihm fordert,
was er darum gut und gerne tut.

Aus »Du sollst nicht töten«, 1919

*

Warum vom Birnbaum Pfirsiche verlangen? Warum
andere belehren und bessern wollen, statt sich selber? ...
Warum Streit und Leid in der Welt vermehren, statt sie
zu mindern?

Aus einem Brief vom August 1953 an Albert Wallat

*

Was du im Leben leistest, und zwar nicht nur als Künstler, sondern ebenso als Mensch, als Mann und Vater,
Freund und Nachbar etc., das wird vom ewigen »Sinn«
der Welt, von der ewigen Gerechtigkeit nicht nach
irgendeinem festen Maß gemessen, sondern nach dei-
nem einmaligen und persönlichen. Gott wird dich, wenn

er dich richtet, nicht fragen: »Bist du ein Hodler geworden, oder ein Picasso, oder ein Pestalozzi oder Gott-
helf?« Sondern er wird fragen: »Bist du auch wirklich
der gewesen und geworden, zu dem du die Anlagen und
Erbschaften mitbekommen hast?« Und da wird niemals
ein Mensch ohne Scham oder Schrecken seines Lebens
und seiner Irrwege gedenken, er wird höchstens sagen
können: »Nein, ich bin es nicht geworden, aber ich habe
es wenigstens nach Kräften versucht.« Und wenn er das
aufrichtig sagen kann, dann ist er gerechtfertigt und hat
die Probe bestanden.

Aus »An einen jungen Künstler«, 1949

✳

Die meisten Berufe, und zwar gerade die »höheren«,
spekulieren in ihrer jetzigen Organisation auf die egoistischen, feigen, bequemen Instinkte des Menschen. Er
hat es leicht, wenn er Fünfe grade sein läßt, wenn er sich
duckt, wenn er den Herrn Vorgesetzten nachahmt; und
er hat es unendlich schwer, wenn er Arbeit und Verantwortlichkeit sucht und liebt.

Aus »Beruf und Leben«, 1921

✳

Wer eine Berufung empfängt, der nimmt damit nicht nur
ein Geschenk und einen Befehl entgegen, er nimmt auch
etwas wie eine Schuld auf sich. So wie der Soldat, der aus
den Reihen seiner Kameraden geholt und zum Offizier
befördert wird, dieser Beförderung desto würdiger ist, je

mehr er sie mit einem Gefühl von Schuld, ja schlechtem Gewissen seinen Kameraden gegenüber bezahlt.

Aus »Das Glasperlenspiel«, 1931-1942

*

Jeder Aufstieg in der Stufe der Ämter ist nicht ein Schritt in die Freiheit, sondern in die Bindung. Je größer die Amtsgewalt, desto strenger der Dienst. Je stärker die Persönlichkeit, desto verpönter die Willkür.

Aus »Das Glasperlenspiel«, 1931-1942

*

Gott hat mit jedem von uns etwas gemeint, etwas versucht, und wir sind seine Gegner, wenn wir das nicht annehmen und ihm helfen, es zu verwirklichen.

Aus einem Brief um 1941 an Herrn L. M.

*

Gott spielt mit uns, wie der Musiker mit Tönen spielt. Da wollen wir wenigstens unsern Ton singen, so rein wie möglich, jeder den seinen, und hoffen, es werde für den lieben Gott schon ein Konzert daraus werden.

Aus einem Brief von Januar 1932 an Tilly Wassmer

*

Nenne keine Empfindung klein, keine Empfindung unwürdig! Gut, sehr gut ist jede, auch der Haß, auch der

Neid, auch die Eifersucht, auch die Grausamkeit. Von nichts andrem leben wir als von unsern armen, schönen, herrlichen Gefühlen, und jedes, dem wir unrecht tun, ist ein Stern, den wir auslöschen.

Aus »Klingsors letzter Sommer«, 1919

*

Je weniger wir uns vor unsrer eigenen Phantasie scheuen, die im Wachen und Traum uns zu Verbrechern und Tieren macht, desto kleiner ist die Gefahr, daß wir in der Tat und Wirklichkeit an diesem Bösen zugrunde gehen. *Aus einem Brief vom Herbst 1919 an Carl Seelig*

*

Die Würde des Menschen steht und fällt damit, daß er sich Ziele im Unerreichbaren setzen kann, wie seine Tragik darin liegt, daß er den Weltlauf und die Praktiken der Welt gegen sich hat.

Aus einem Brief vom Januar 1954 an Rudolf Daur

*

Die Wirklichkeit ist das, womit man unter gar keinen Umständen zufrieden sein, was man unter gar keinen Umständen anbeten und verehren darf, denn sie ist der Zufall, der Abfall des Lebens. Und sie ist, diese schäbige, stets enttäuschende und öde Wirklichkeit, auf keine andre Weise zu ändern, als indem wir sie leugnen, indem wir zeigen, daß wir stärker sind als sie.

Aus »Kurzgefaßter Lebenslauf«, 1921-1924

Ich halte es für das Recht, ja die Pflicht des Dichters, dem Weltlauf zu trotzen und Forderungen zu stellen, die über das zeitlich und praktisch Mögliche hinausgehen. Was in der Welt an Geistigem erreicht und geleistet wurde, wurde es immer dadurch, daß Ideale und Hoffnungen aufgestellt wurden, die weit über das momentan Mögliche hinausgingen.

Aus einem Brief vom 29. 12. 1918 an Hans Sturzenegger

*

Damit das Mögliche entsteht, muß immer wieder das Unmögliche versucht werden.

Aus einem Brief vom September 1960 an Wilhelm Gundert

*

Wenn man, statt durch Denken, durch Träumen, durch Phantasieren oder Meditieren, die Seele bloß mechanisch durch die Roulette in Schwung setzt, so ist das ungefähr dasselbe, wie wenn man für seinen Körper zwar Bad und Masseur in Anspruch nimmt, auf eigene Leistung, auf Sport und Training aber verzichtet. Auch die Anregungsmechanik des Kinematographen, der die eigene künstlerische Leistung des Auges, das Entdecken, Auswählen und Festhalten des Schönen und Interessanten, durch eine rein materielle Augenfütterung ersetzt, beruht auf dem gleichen Schwindel.
Nein, ebenso wie man neben dem Masseur das Turnen braucht, so braucht die Seele, statt oder neben dem Spiel ... notwendig die eigene Leistung. Darum ist hun-

dertmal besser als das Glücksspiel jede aktive Übung
der Seele: straffe, scharfe Denk- und Gedächtnisübung,
Übung im Reproduzieren gesehener Dinge bei geschlos-
senen Augen, abendliches Rekonstruieren des Tageslau-
fes, freies Assoziieren und Phantasieren.

Aus »Kurgast«, 1923

*

Jeden Abend

Jeden Abend sollst du deinen Tag
Prüfen, ob er Gott gefallen mag,
Ob er freudig war in Tat und Treue,
Ob er mutlos lag in Angst und Reue;
Sollst die Namen deiner Lieben nennen,
Haß und Unrecht still vor dir bekennen,
Sollst dich alles Schlechten innig schämen,
Keinen Schatten mit ins Bette nehmen,
Alle Sorgen von der Seele tun,
Daß sie fern und kindlich mögen ruhn.

Dann getrost in dem geklärten Innern
Sollst du deines Liebsten dich erinnern,
Deiner Mutter, deiner Kinderzeit;
Sieh, dann bist du rein und bist bereit,
Aus dem kühlen Schlafborn tief zu trinken,
Wo die goldnen Träume tröstend winken,
Und den neuen Tag mit klaren Sinnen
Als ein Held und Sieger zu beginnen.

1912

Mancher hält sich für vollkommen, nur weil er geringere Ansprüche an sich stellt. *Aus »Liebe«, 1906*

*

Meistens sind die schlimmen und dummen Perioden mir nachher besser bekommen als die vernünftigen und scheinbar gedeihlichen. Ich muß Geduld haben, nicht Vernunft. Ich muß die Wurzeln tiefer treiben, nicht an den Ästen rütteln.

Aus einem Tagebuch des Jahres 1920, letzte Fassung 1960

*

Wo das Behagen aufhört und die Not beginnt, da setzt die Erziehung ein, die das Leben uns geben will.

Aus »Der Weg der Liebe«, 1918

*

Jeden von uns tritt das Leben in Gestalt seiner Zeit an, jeder von uns steht vor Aufgaben und Problemen, die einmalig und vergänglich sind, für uns aber das ganze Leben bedeuten, weil es eben nicht allgemeine sondern unsere eigenen brennenden sind. Und diese Probleme sind nicht da, um »gelöst« zu werden, sondern erlitten und erlebt zu werden, sie sind das uns gegebene Leid, und Leid wird zu Leben und Freude und Wert nur auf dem schmerzlichen Weg des Erleidens, des Ausfressens.

Aus einem Brief vom 25.2.1924 an Eduard Schröder

Auf gefahrlose Wege schickt man nur die Schwachen.

Aus »Das Glasperlenspiel«, 1931-1942

*

Das Chaos will anerkannt, will erlebt sein, ehe es sich in neue Ordnung bringen läßt.

Aus dem Essay »Über Jean Paul«, 1921

*

Den Glauben, daß uns kein Glück oder Unglück geschieht, dem wir nicht einen Sinn und eine Wendung ins Wertvolle geben können, den habe ich heute wie immer und gebe ihn weder für mich noch für andre auf.

Aus einem Brief vom 21. 2. 1930 an Georg Reinhart

*

Jeder Versuch, die Kultur, den Geist und ihre Forderungen ernst zu nehmen und nach ihnen zu leben, führt unfehlbar zur Verzweiflung. Die Erlösung kommt dann jeweils aus der Erkenntnis, daß wir subjektive Erlebnisse und Zustände zu sehr objektiviert haben. Diese Erlebnisse des Erlöstwerdens sichern natürlich nicht gegen neue Verzweiflungen. Aber sie fördern den Glauben daran, daß jede Verzweiflung von innen überwindbar sei.

Aus einem Brief vom April 1931 an Herrn P. Sch.

*

Wir haben zwar das Recht an uns zu verzweifeln, nicht aber das Recht, darum das Bild des Menschen für besudelt und für verloren zu erklären. Und wir haben die Aufgabe, dies Bild, auch wo die Zeit ihm sehr zu widersprechen scheint, weiter in uns zu hegen und es den Nachkommen zu vererben, so wie wir es von unseren Vätern empfingen.

Aus dem Nachwort zur Monographie
»Zum Gedächtnis unseres Vaters«, 1930

*

Dein Leben wird dadurch nicht flach und dumm, wenn du weißt, daß dein Kampf erfolglos sein wird. Es ist viel flacher, wenn du für Gutes und Ideales kämpfst und nun meinst, du müßtest es auch erreichen.

Aus »Der Steppenwolf«, 1925-1927

*

Ich lasse dahingestellt, ob es in der Menschheit einen Fortschritt gibt. Was ist denn »Menschheit«? Nichts Reales, nichts, worüber man etwas aussagen könnte. Dagegen kann nur ein Esel leugnen, daß es im individuellen Leben Fortschritt gebe. Jeder Erwachsene ist, mit dem Säugling verglichen, sehr weit entwickelt. »Es gibt Fortschritt, denn es gibt Lernen.«

Aus »Nachruf auf Christoph Schrempf«, 1936

*

Wir wollen womöglich einen Kern in uns bewahren, ein eigenes Schwergewicht, das uns daran hindert, mit in die sinnlose zentrifugale Schwingung gerissen zu werden, die immer unheimlicher wird und sich auch fern aller Politik in Tempo, Hetze und Unrast äußert.

Aus einem Brief, 1948 an Kurt Lichdi

*

Wir sollen nicht aus der Vita activa in die Vita contemplativa fliehen, noch umgekehrt, sondern zwischen beiden wechselnd unterwegs sein, in beiden zu Hause sein, an beiden teilhaben.

Aus »Das Glasperlenspiel«, 1931-1942

*

Es geht ja bei großen Problemen nicht so sehr darum, sie zu lösen, als die Spannung zwischen den Polen zu ertragen.

Aus einem Brief vom März 1948 an Heinz Priebatsch

*

Fühle mit allem Leid der Welt, aber richte deine Kräfte nicht dorthin, wo du machtlos bist, sondern zum Nächsten, dem du helfen, den du lieben und erfreuen kannst.

Aus einem Brief vom 22.12.1956 an Karoline Kallenbach

*

Sie sollen nicht immer daran denken, daß der oder der Sie nicht ganz versteht, Ihnen vielleicht nicht ganz gerecht wird! Sie sollen selbst erst einmal versuchen, andere zu verstehen, andern Freude zu machen, andern gerecht zu werden!   *Aus »Gertrud«, 1907/08*

*

Spruch

So mußt du allen Dingen
Bruder und Schwester sein,
Daß sie dich ganz durchdringen,
Daß du nicht scheidest Mein und Dein.

Kein Stern, kein Laub soll fallen –
Du mußt mit ihm vergehn!
So wirst du auch mit allen
Allstündlich auferstehn.

1908

*

Das Werk eines Menschen überschätzen ist immer besser als es geringzuschätzen.
                    Notizen, August 1958

*

Geist ist wohltätig und edel nur im Gehorsam gegen die Wahrheit; sobald er sie verrät, sobald er die Ehrfurcht ablegt, käuflich und beliebig biegsam wird, ist er das Teuflische in Potenz, ist sehr viel schlimmer als die animalische, triebhafte Bestialität, welche immer noch etwas von der Unschuld der Natur behält.

Aus »Das Glasperlenspiel«, 1931-1942

*

Ich kann zwar verstehen, daß man im Hunger mehr Mühe hat, gerecht zu sein, als wenn man satt ist, aber ich kann nicht zugeben, daß Schlechtgehen und Not die Moral aufheben sollten.

Aus einem Brief vom 18.1.1932 an Erhard Bruder

*

Ob diese Welt morgen untergehe oder nicht, ist nicht unsre Sorge noch unsre Verantwortung, wir müssen und wollen das, was uns an ihr erfreulich ist, und sei es nur der Himmel mit seinem zauberhaften Gewölk, so lang kosten und preisen, als wir da sind.

Aus einem Brief vom August 1959 an Hanns Meinke

»Sinn erhält das Leben einzig durch die Liebe.«
Hermann Hesse

»Jede Bewegung unsrer Seele, in der sie sich selber empfindet und ihr Leben spürt, ist Liebe. Glücklich ist also der, der viel zu lieben vermag.« Aus seinen beliebtesten Büchern wie auch aus unbekannteren Teilen seines Werkes findet man in diesem Band alles vereint, was Hermann Hesse zu den großen Lebensfragen der Liebe und des Glücks gesagt hat. Auch seine Liebe zur Musik und das durch sie erfahrene Glück kommen hier zu Wort. Denn sie ist für ihn »die Seele aller Künste«.

»Was hier an Erfahrungen und Beobachtungen auf die knappsten Formulierungen gebracht ist, würde reichen, um Hermann Hesse unvergesslich zu machen.« *Radio Bremen*

Hermann Hesse, Lieben, das ist Glück. Gedanken aus seinen Werken und Briefen. Zusammengestellt von Volker Michels. insel taschenbuch 4577. 90 Seiten

NF 376/1/3.17

Unter den Autoren seiner Generation, schrieb Hesses Verleger Peter Suhrkamp, gebe es »kaum einen, der so oft seinen eigenen Leichnam hinter sich begrub und jedes Mal auf einer anderen Stufe wieder anfing. Und jedes Mal geschah es aus einer wirklichen Not heraus, und wenn man die ganze Existenz überblickt, ist's doch eine Einheit geblieben.« Diese regenerativen Schübe sind es, die die Kraft der Schriften Hermann Hesses ausmachen und ihnen das Vertrauen immer neuer Leserschichten in aller Welt sichern.

Die in diesem Band versammelten Gedanken über Jugend und Alter, Schule, Bildung und Erziehung sowie die Bedeutung des der Konformität trotzenden Einzelnen sind heute aktueller denn je.

Hermann Hesse, geboren am 2.7.1877 in Calw/Württemberg als Sohn eines baltendeutschen Missionars und der Tochter eines württembergischen Indologen, starb am 9.8.1962 in Montagnola bei Lugano. Er wurde 1946 mit dem Nobelpreis für Literatur, 1955 mit dem Friedenspreis des Deutschen Buchhandels ausgezeichnet. Im insel taschenbuch sind zuletzt erschienen: *Ermutigungen* (it 4576) und *Lieben, das ist Glück* (it 4577)